MYTHOLOGIE GRECQUE

DIEUX ET HÉROS DE LA GRÈCE ANTIQUE. UN VOYAGE À LA DÉCOUVERTE DES MYTHES ET LÉGENDES ÉPIQUES DU MONDE ANTIQUE.

HISTORIA MAGISTRA

SOMMAIRE

INTRODUCTION

L'histoire de la civilisation grecque est marquée par plusieurs phases. Chacune d'entre elles est caractérisée par de profondes influences culturelles qui commencent à partir des civilisations minoenne et mycénienne, puis traversent la domination romaine et l'époque byzantine pour arriver à nos jours. Comme la communauté historique internationale l'a admis, l'une des époques qui a marqué le plus le développement de toute la culture occidentale est celle relative à la Grèce antique, qui s'est développée durant la période entre 1000 av. J.-C. et 323 av. J.-C.

Faisons maintenant un voyage dans le passé pour remonter aux origines de cette grande civilisation.

Nous sommes en Crète, où, au cours de l'âge de bronze vers 2700 av. J.-C, un peuple a commencé à se développer considérablement, devenant bientôt un repère du point de vue mercantile, artistique et militaire : il s'agit de la civilisation minoenne, qui a pris son nom du roi Minos. Parmi les nombreux vestiges de l'époque minoenne se distingue le majestueux palais de Knossos, qui était le principal centre économique, politique et religieux de l'île.

Quelques siècles plus tard, vers 1600 av. J.-C, la civilisation mycénienne, du nom de la ville de Mycènes, prit racines en Grèce continentale. Nous nous souvenons d'elle, surtout, à travers les grands actes d'Achille, la belle Hélène et Agamemnon, le roi de

Mycènes et d'Argos. Ce n'est pas un hasard si Homère a décidé de placer l'Iliade précisément à cette époque.

Par la suite, la civilisation mycénienne disparut et la Grèce entra dans une période sombre, définie par certains historiens le Moyen Âge hellénique, qui se termina par l'essor des premières citées-états grecques vers 800 av. J.-C.

Le peuple grec investit de nombreuses ressources dans la construction d'ouvrages publics et de monuments tels que le théâtre d'Épidaure, le temple de Delphes et l'Acropole qui est devenue le symbole d'Athènes. L'une des principales innovations de cette période concernait la politique : comme mentionné ci-dessus, de véritables citées-états grecques furent fondées ; *les poleis*, c'est-à-dire des unités politiques autonomes qui, avec le temps, devinrent de plus en plus rivales entre elles.

Le prince de Macédoine, Alexandre le Grand, fatigué des conflits constants, soumit chaque *polis* et parvint à unifier la Grèce sous son commandement. Il poussa vers l'est en conquérant les territoires de l'Anatolie occupés par l'Empire perse jusqu'à atteindre les frontières du monde alors connu, conquérant des villes telles que Babylone, Persépolis et Suse. Avec la mort d'Alexandre le Grand en 323 av. J.-C. commença l'âge hellénistique, caractérisé par l'union des cultures asiatique et grecque.

Au cours de cette phase la Grèce perdit beaucoup d'importance au niveau international, mais fit de nombreux progrès dans la science, l'art et la philosophie.

Une fois que la force militaire du royaume macédonien avait été perdue (à la suite de la destruction de Corinthe en 146 av. J.-C.) la Grèce fut conquise par les Romains. Grâce à l'attrait de Rome pour la culture hellénistique, la Grèce devint rapidement une province clé de l'Empire et tout son répertoire littéraire, artistique et culturel fut soigneusement transmis jusqu'à nos jours.

Après la chute de l'Empire romain d'Occident, la Grèce perdit son importance aux dépens de la montée de l'Empire romain d'Orient : nous sommes à l'époque byzantine, une époque où l'Hellade devint de plus en plus une province périphérique et Constantinople, l'actuelle Istanbul, assuma le rôle de capitale de l'Empire. De grande renommée sont les fascinantes fresques byzantines, réalisées pendant cette période par des peintres venus de toute l'Italie.

La dernière phase, avant l'ère moderne, se compose des périodes Vénitienne et Ottomane, deux peuples qui se disputèrent la Grèce après la chute de l'Empire byzantin. En Crète, même aujourd'hui, nous pouvons admirer les influences architecturales vénitiennes qui se mêlent aux influences ottomanes. Après la chute de Venise, à partir de 1797, la Grèce resta sous la domination ottomane oppressive qui interdit la propagation de la culture et de la langue grecques en faveur de la tradition musulmane.

Malgré les tentatives d'oppression, le peuple grec réussit à se rebeller et à sauver sa culture. En 1829, en effet, les Grecs réussirent à obtenir leur indépendance grâce à l'aide des grandes puissances européennes, mais encore aujourd'hui, le pays vit une situation économique et politique instable et est constamment à la recherche d'équilibre.

En plus de l'histoire de la Grèce, nous pouvons parler des mœurs et des coutumes du peuple : les Grecs étaient polythéistes et adoraient les dieux de l'*Olympe* ; une montagne de 3.000 mètres située à la frontière de la Macédoine. Parmi les divinités les plus célèbres, on trouve : Zeus, le père de tous les dieux (et de tous les hommes) ; sa femme Héra, protectrice des femmes ; Athéna, la déesse de la connaissance ; Aphrodite, la déesse de la beauté ; Poséidon, le dieu de la mer et frère de Zeus ; et Hadès, le dieu des enfers et frère de Zeus.

Les Grecs étaient tellement dévoués aux dieux qu'ils leur consacraient d'énormes temples considérés comme *des maisons du dieu* : chaque divinité avait son propre temple, doté d'une grande statue à l'intérieur représentant le dieu et le culte avait lieu sur un retable placé à l'extérieur du bâtiment. Dans chaque foyer grecque, il y avait un retable utilisé pour la prière de tous les membres de la famille.

Depuis les temps anciens, l'homme ressent le besoin de s'interroger sur l'origine de l'univers, la naissance de l'humanité et les causes des phénomènes naturels qui, souvent, ne se limitent pas à accompagner, mais à bouleverser leur vie. N'ayant pas encore à sa disposition les outils les plus adéquats pour développer une pensée philosophique et scientifique, l'homme utilisait la fantaisie, personnifiant et déifiant les forces du bien et du mal dont il se sentait entouré. C'est précisément de cette manière que les histoires qui étaient autrefois considérées comme véridiques et sacrées nous sont parvenues à travers diverses formes littéraires et artistiques : bas-reliefs, peintures, sculptures, hymnes, poèmes.

Ces histoires, qui racontent les origines de l'univers, des dieux et des hommes, ont pour protagonistes des êtres surnaturels et prennent le nom de *mythes*, de *mýthos* qui en grec signifiait *la parole solennelle d'un dieu*. Par conséquent, le *mýthos* n'est pas un récit invraisemblable comme il pourrait paraître à nos yeux habitués à vivre dans un monde dominé par la science et la pensée rationnelle ; il contient sa propre vérité. Le mythe ne correspond pas à un texte précis ni à un certain genre littéraire : c'est un ensemble de contenus qui forment une intrigue tracée dans les grandes lignes, composée de personnages et d'événements fixes qui changent de version de génération en génération. En effet, ils étaient autrefois transmis oralement à travers la narration des *aèdes*. Dans la Grèce antique, *l'aède* était un véritable chanteur professionnel, traditionnellement dépeint comme aveugle, car il parlait avec « les yeux de l'âme », et était considéré presque comme un prophète en contact direct avec les Muses, qui parlaient à travers sa personne. Après cette première phase de transmission orale des textes, les mythes commencèrent à être écrits grâce au travail de poètes et d'écrivains qui retranscrivent les différentes histoires dans une narration organisée et continue.

Jusqu'à la fin du monde antique, la mythologie grecque représenta le fondement à la fois de la religion et de l'histoire. Les *mythes étiologiques* expliquaient l'origine d'un rituel ou d'un peuple, et dans le cas des *mythes historiques* l'histoire du pays pouvait également être représentée et reconstruite précisément.

Bien qu'ayant perdu leur caractère sacré, les mythes continuent d'exercer un charme incroyable grâce aux événements surhumains, aux métamorphoses et aux batailles épiques qu'ils racontent. Il vaut donc la peine d'entrer en contact avec eux, pas seulement pour un besoin culturel, mais aussi parce que les histoires mythologiques anciennes peuvent inspirer les nouvelles générations d'une manière unique.

COSMOGONIE :
L'ORIGINE DU MONDE

THÉOGONIE

Au début, Eurynomé, déesse de toutes choses, émergea nue du Chaos et ne trouvant rien de solide sur lequel reposer ses pieds, sépara le ciel de la mer et conduit une danse sur les vagues. Dansant, elle se dirigea vers le sud, accompagnée d'un vent tourbillonnant derrière elle. Animée par le désir de donner naissance à la création, elle se tourna soudain pour saisir ce vent et, le frottant dans ses mains, il se transforma en serpent qu'elle appela Ophion, qui enveloppa la déesse dans ses anneaux et la féconda. Après avoir pris la forme d'une colombe, elle pondit l'Œuf Cosmique et ordonna à Ophion de rouler sept fois autour de lui jusqu'à ce qu'il éclose et que toutes les choses existantes sortent : le Soleil, la Lune, les étoiles, les planètes, la Terre, les arbres et toutes les créatures vivantes. Par la suite, Eurynomé et Ophion s'installèrent sur le mont Olympe, mais quand le grand serpent se vanta d'être le créateur de tout, la déesse l'enferma dans les donjons ; elle le frappa d'abord d'un coup de pied sur la bouche lui cassant toutes les dents. Plus tard, Cronos et Rhéa défièrent les deux, les reléguèrent au fond de l'océan où ils prirent leur place.

La mythologie grecque trouva sa place dans la Théogonie, ou la naissance des dieux, une œuvre racontée par le poète grec Hésiode qui avait séléctionné et donné un ordre logique et chronologique au matériel traditionnel dont il disposait. La Théogonie traite du passage du Chaos au Cosmos, de la naissance des dieux et des hommes : « *au commencement, c'était le Chaos seulement* » écrit Hésiode, puis viennent Gaïa (Terre Mère), Ouranos (Ciel), Nyx (la nuit) et Héméra (le jour).

Ainsi, le Chaos commença à avoir un ordre, mais avant que l'équilibre cosmique ne soit atteint trois générations devaient se succéder en mettant de côté la précédente avec violence, justifiant l'acte de force par un méfait du père : nous parlons des générations d'Ouranos, de Cronos et de Zeus. Après avoir triomphé de Cronos, des Géants et des Titans, Zeus sera le seul capable de donner vie à une véritable société divine sur laquelle il régnera.

LA GÉNÉALOGIE DIVINE

Les trois forces primordiales qui apparurent au début des temps furent Chaos, Gaïa et Éros. Chaos, que nous venons de rencontrer dans le mythe pélasge de la création, est un concept complexe à définir. C'est un immense abîme qui occupe tout l'espace primordial, un non-lieu dans lequel tout n'a pas encore une forme bien définie et où les possibilités sont infinies. Gaïa est la Terre Mère, et Éros est l'impulsion génératrice qui pousse à l'accouplement : une impulsion primordiale nécessaire pour que la procréation puisse avoir lieu.

Chaos et Gaïa eurent cette impulsion et commencèrent à procréer indépendamment.

Chaos engendra obscurité dans les figures de ténèbres et de nuit qui, à leur tour, générèrent l'éther et le jour - un concept merveilleux, celui des ténèbres qui donnent vie à la lumière. La nuit, à son tour, donnera vie à une série d'entités telles que le destin, la mort, les rêves, le sommeil, les trois Moires (Clotho, Lachésis, Atropos), les nymphes Hespérides, les soi-disant « Nymphes du Coucher du Soleil », la tromperie, la vieillesse et la querelle. Ce dernier, à son tour, génère une série d'entités négatives, telles que la douleur, la faim, les luttes, les meurtres, les massacres, les disputes et les discours ambigus, l'erreur et la mauvaise gouvernance.

Les enfants générés par la bonne Gaïa sont le ciel, les montagnes et la mer ; avec cette dernière, elle donnera vie à Nérée ; puis Thaumas, qui selon certains était le père des Harpies ; Phorcys, personnification de la mer orageuse ; Céto, qui représente les pièges qui se cachent dans la mer orageuse ; et Eurybie, personnification de la violence de la mer. Le compagnon le plus important de Gaïa cependant sera Ouranos (le ciel) avec qui elle aura plus de quarante-cinq enfants dont : les douze Titans, six mâles (Océan, Crios, Céos, Hypérion, Cronos et Japet) et six femelles (Théia, Thémis, Téthys, Phébé, Mnémosyne et Rhéa) ; les trois Hécatonchires ou Centimanes, monstres à cinquante têtes et cent bras appelés Cottos, Briarée et Gygès ; et pour finir, les trois Cyclopes Argès, Sterope et Brontë, caractérisés par un seul œil au milieu du front.

Ouranos et Gaïa gouverneront ensemble la création pendant le *Royaume d'Ouranos*.

Après l'enlèvement d'Ouranos, les fils de Gaïa purent obtenir l'espace de vie pour vivre et procréer entre eux. La paire principale est formée par les deux titans Cronos et Rhéa, qui donneront vie aux dieux que nous appelons Olympiques : Hestia, Déméter, Héra, Hadès, Poséidon et Zeus.

Bien que Zeus soit le mari d'Héra, avec qui il eut cinq enfants (Arès, Héphaïstos, Hébé, Ilithyie et Angelos), il donnera également naissance à déesse Athéna, qui sortit directement de sa tête, et tissa des liens d'amour et des relations occasionnelles avec plusieurs mortelles et divinités. Parmi ces relations extraconjugales, trois amantes seront les plus stables, si l'on peut dire : Maïa, qui donnera naissance à Hermès ; Léto, qui donnera naissance aux jumeaux Apollon et Artémis ; et, enfin, Sémélé qui donna naissance à Dionysos. Deux autres femmes très importantes sont les titanides : Thémis, la Loi, utile à Zeus pour établir les lois fondamentales qui régulent le cosmos ; et Mnémosyne, la Mémoire qui donnera vie aux neuf muses, les déesses qui président aux arts.

La mémoire, en effet, est fondamentale pour tout type d'art, mais, surtout pour les anciens, la mémoire est considérée essentielle comme mémoire du passé, des traditions et de l'histoire.

Poséidon, malgré les nombreuses maîtresses, épousa Amphitrite, la plus belle des Néréides et eut d'elle quatre enfants : Triton, Rhodé, Benthésicymé et Cymopolée.

Hadès, après avoir enlevé sa nièce Perséphone (fille de Déméter) et l'avoir faite reine des Enfers, n'eut pas de fils.

Hestia, enfin, était la déesse vierge de la maison et du foyer : par conséquent, elle n'avait pas d'enfant non plus.

Les deux titans de l'océan, Océan et Téthys, donnèrent naissance à trois mille fleuves et trois mille nymphes océaniques, dont Clymène, Doris et Électre. Ces trois dernières s'accouplèrent respectivement avec Japet, générant Atlas, Ménétios, Prométhée et Épiméthée ; avec Nérée, donnant vie aux cinquante nymphes Néréides ; et avec Thaumas, générant les Harpies et Iris (l'arc-en-ciel). Océan était donc une divinité fluviale, mais Hésiode voulait distinguer les eaux des rivières des eaux salées, introduisant pour ces dernières Pont, une divinité rarement mentionnée. En effet, il n'apparaît que dans les généalogies de la Théogonie et de la Cosmogonie, mais n'apparaît dans aucune légende.

Enfin, de l'union entre Phébé et Céos sont nés les Grées, ou Sœurs grises, deux divinités qui ont déjà une apparence ancienne, bien que tout juste née, et les Gorgones Euryale, Sthéno et la célèbre Méduse.

LE ROYAUME DIVIN D'OURANOS

Ouranos, dégoûté par l'apparence monstrueuse de ses enfants et obsédé par l'idée qu'un jour, ils pourraient le priver de la domination de l'univers, décida de les enfermer dans le sein de Gaïa. Triste et en colère contre le sort que son mari avait réservé à ses enfants, Gaïa décida de concocter un piège rusé et cruel.

Gardant Ouranos dans l'obscurité, la déesse construisit une faucille avec du fer extrait de ses entrailles et s'adressa à ses enfants : « Aïe mes enfants, fils d'un père misérable, ne voulez-vous pas punir votre père pour sa mauvaise action ? ». Parmi tous les autres, seul le titan Cronos prit courage et décida de suivre la requête de sa mère : « Mère, je promets que je ferai le travail. Je ne me soucie pas de notre père, il a été le premier à concevoir une action méchante ! ». Armé de la faucille, il se cacha sur Terre, attendant l'arrivée d'Ouranos qui brûlant d'amour descendait du ciel pendant la nuit pour rejoindre son épouse, cachée par les ténèbres. Au moment où son père apparut devant lui, Cronos sauta et l'immobilisa d'une main, parvenant à l'émasculer avec l'énorme faucille.

Le sang jaillit abondamment de la blessure d'Ouranos et donna naissance aux Érinyes, divinités infernales appelées Mégère, Tisiphone et Alecto ; aux Géants, symbole de la force brute et de la violence destructrice de la nature ; aux Nymphes Méliades ou

Frênes, protectrices des troupeaux ; et à Aphrodite, la déesse de l'amour qui, cependant, n'est pas née directement du sang, mais du membre jeté à la mer comme on verra plus tard.

Après l'émasculation, le ciel ne s'est plus approché de la terre pour l'amplex nocturne et, ainsi, la procréation primordiale cessa et fut suivie par le *royaume de Cronos*.

LE ROYAUME DIVIN DE CRONOS

Une fois renversé son père Ouranos, le titan Cronos réussit à prendre possession du trône et à régner sur la création, commençant le *royaume de Cronos*. Le premier acte qu'il fit fut de libérer ses frères de l'emprisonnement que leur père leur avait réservé, à l'exception des Cyclopes et des Hécatonchires qui furent enfermés dans le Tartare, car il doutait de leur loyauté envers lui – une erreur qui lui coûterait cher plus tard. Le Tartare, comme Hésiode le raconte dans la Théogonie, est un abîme sombre situé dans les profondeurs de la Terre, aux extrémités du monde, *où nuit et jour se rapprochent et ils se parlent.*

Cronos craignait non seulement ses frères, mais aussi ses propres enfants : il avait donné la vie aux dieux de l'Olympe que nous connaissons avec sa sœur Rhéa, mais sa tranquillité avait été remise en question par une prophétie, selon laquelle son règne se terminerait précisément aux mains de l'un de ses fils. Terrifié, il essaya par tous les moyens de tromper le destin en avalant ses enfants un par un dès leur naissance, les retenant captifs en lui. D'autre part, Cronos est le temps, et le fait qu'il dévore ses enfants est une façon de dire *qu'il mange des générations* et, métaphoriquement parlant, il n'a jamais cessé de le faire, puisque nous sommes nous-mêmes ses enfants. La seule chose que Cronos ne peut pas manger est le souvenir : c'est pourquoi pour les peuples anciens, mais surtout pour les Grecs, il est très important de trouver un moyen de préserver la mémoire à travers les arts ou les actes qui sauvent les noms des gens, des mâchoires du temps.

Après les avoir portés dans son ventre et mis au monde douloureusement, sa femme Rhéa était fatiguée et désespérée de voir ses enfants avalés par Cronos. Par conséquent, lorsque la titanide était sur le point de donner naissance au dernier enfant, elle décida de mettre en place un stratagème qui lui avait été suggéré par ses parents. À la naissance de Zeus, le dernier fils, Rhéa ne l'emmena pas à Cronos mais le remplaça par un rocher enveloppé dans les bandes de l'enfant. La tromperie fonctionna puisque Cronos avait simplement avalé ses enfants jusque-là, sans les déchiqueter, donc le moment venu il ne remarqua pas la différence.

Pendant ce temps, Zeus fut confié à sa grand-mère Gaïa qui l'avait emmené loin sur l'île de Crète et l'avait caché dans les profondeurs d'une grotte. Afin d'éviter que les cris de l'enfant ne soient entendus par son père, elle créa elle-même des guerriers en armes, les *Curètes*, qui avaient pour tâche de danser et de claquer les lances sur les boucliers, faisant un bruit énorme capable de couvrir les bruits de l'enfant. Zeus réussit donc à grandir en toute sécurité grâce aux soins des nymphes Mélissa et Adrastée et de la chèvre Amalthée qui l'a soigné. Un jour, la chèvre entra en collision avec un arbre et cassa l'une de ses deux cornes. Elle ramassa la corne brisée, l'entoura de fruits et d'herbes et la présenta ainsi aux lèvres de Zeus qui ensuite métamorphosa la chèvre en nymphe. L'abeille Panacride nourrit également le petit dieu en lui apportant du miel, tandis qu'un aigle lui fournit chaque jour le nectar de l'immortalité. Grâce à leurs soins, une fois qu'il sera grand, Zeus sera prêt à remplir son devoir : détrôner son père comme ce dernier l'avait fait avec son grand-père.

Contrairement à son père qui avait accompli l'acte dans la solitude, Zeus réussit son l'entreprise grâce à l'aide de ses frères. Pour les libérer du ventre de leur père, l'une des nymphes océaniennes les plus sages Métis, (l'une des futures épouses de Zeus), donna de sages conseils au dieu, suggérant de se présenter à Cronos comme un porte-coupe, un serviteur utilisé pour verser le vin, afin qu'il puisse mélanger la boisson avec une drogue émétique qui lui fera rejeter tous les enfants avalés. C'est ce qu'il fit : d'abord Cronos rejeta la pierre qu'il avait avalée à la place de Zeus, puis Poséidon, Hadès, Héra, Déméter et, enfin, Hestia. Enfin, la nouvelle génération divine vit la lumière mais bientôt une nouvelle guerre sera déclenchée : la Titanomachie.

TITANOMACHIE

Comme Cronos et ses frères n'avaient pas l'intention d'être renversés, dès que la nouvelle génération divine vit la lumière, une guerre éclata entre les titans et les dieux de l'Olympe. Cette bataille s'appelle Titanomachie, ou *guerre contre les Titans*. Elle dura plus de dix ans.

Zeus accompagné de ses frères et de ses sœurs, monta au sommet du mont Olympe, au nord de la Thessalie, et annonça que quiconque combattrait à ses côtés contre Cronos et les Titans garderait les honneurs dont il jouissait déjà, tandis que celui qui se retrouverait sans privilèges aux mains de Cronos recevrait de lui les honneurs qui lui étaient dus.

À ce moment-là, les immortels se divisèrent en deux factions : ceux qui soutenaient Cronos et ceux qui soutenaient Zeus. Aux côtés de ce dernier se trouvaient également les fils de la déesse du fleuve Styx, la dernière fille d'Océan. Ils s'appelaient Krátos, le pouvoir ; et Bia, la force : à partir de ce jour, les deux sont devenus les fidèles gardes du corps de Zeus.

Cronos se rangea du côté de ses frères Crois, Coeos, Hypérion et Japet sur le mont Otri au sud de la Thessalie. Seul Océan resta neutre aux confins du monde, dans son siège. La tactique des titans était basée sur la violence et la force brute, mais le fils de Japet, Prométhée, dont le nom signifie *le prévoyant*, essaya de les faire raisonner, leur rappelant que Gaïa avait décrété la victoire des plus rusés et non des plus forts. Les titans décidèrent d'ignorer ses conseils et Prométhée passa donc du côté de Zeus.

Comme mentionné précédemment, les deux générations divines s'affrontèrent durant de longues batailles pendant plus de dix ans. Il ne semblait pas y avoir de résolution qui y mette fin. Les affrontements n'apportèrent aucun avantage de part et d'autre. La conclusion de la guerre fut incertaine et lointaine jusqu'à ce que l'oracle de la Terre Mère prédise la victoire à Zeus, à condition qu'il prît comme alliés ceux qui avaient été emprisonnés au Tartare par Cronos.

Les Cyclopes et les Hécatonchires avaient une haine viscérale pour Cronos, et pour eux il n'était pas difficile de choisir avec quelle génération divine se ranger. Les géants borgnes étaient si reconnaissants envers le dieu qui les avait libérés, qu'ils fabriquèrent la foudre pour Zeus, le trident pour Poséidon et le casque d'invisibilité à Hadès.

Après avoir été conduits au mont Olympe, les Cyclopes et les Hécatonchires furent nourris avec la nourriture des divinités : le nectar des dieux et l'ambroisie, deux aliments qui infusent l'âme de courage et de bravoure. À ce moment-là, Zeus se tourna vers eux : « Écoutez-moi, beaux-fils de Gaïa et d'Ouranos, afin que je puisse dire ce que mon cœur me suggère. Depuis quelque temps, les titans et nous, fils de Cronos, nous nous disputons chaque jour à propos de la domination sur le cosmos. Et vous, étant montés à la lumière par ma volonté, après avoir longtemps souffert dans les ténèbres, vous pouvez maintenant démontrer de quelle force vos bras sont capables ».

Au nom des frères, Cottos répondit : « Seigneur, vous ne nous dites pas des faits inconnus : nous aussi, nous connaissons la sagesse et l'intelligence qui habitent en vous. Nous savons que vous avez sauvé tous vos frères et sœurs de la fureur dévorante de Cronos, et nous sommes conscients que nous avons été délivrés des ténèbres par votre choix. Par conséquent, nous nous battrons à vos côtés contre les titans, soutenant votre pouvoir au combat ». Tous les dieux louaient le discours de Cottos et toutes les âmes désiraient revenir bientôt pour se battre.

Ainsi, la bataille repris avec une férocité sans précédent : d'un côté, il y avait les titans et de l'autre tous les fils de Cronos et leurs alliés. Les puissants Hécatonchires s'alignèrent devant l'ennemi et, faisant tournoyer leurs cent bras, commencèrent à leur lancer d'énormes rochers ; d'autre part, les titans renforcèrent leurs rangs et montrèrent de combien de force et de violence ils étaient capables.

La bataille fut si terrible que la mer infinie retentit, la terre gronda sous leurs pieds et même le ciel gémissait sans limites. Le mont Olympe lui-même tremblait sous l'assaut des titans et les tremblements de cette tourmente atteignirent même le Tartare. Zeus ne pouvait plus retenir sa fureur et ainsi, le cœur plein de colère, il manifesta toute sa fureur en brandissant dans ses mains la foudre forgée par le Cyclope. Une pluie d'éclairs tomba du ciel, faisant gronder la terre, mettant le feu aux bois et faisant bouillir les courants d'eau. Ce rugissement semblait être sur le point de faire tomber le ciel sur terre, ou que la terre allait se lever à nouveau pour tomber contre le ciel. C'était comme si Ouranos et Gaïa étaient sur le point de s'unir une fois de plus.

Finalement, la bataille s'acheva. Aveuglés par la foudre, écrasés par des rochers et submergés par des vents violents, les titans furent mis en déroute et traînés sous terre, à un endroit si éloigné de la surface de la terre qu'une enclume de bronze tombée du ciel prendrait neuf jours et neuf nuits avant de toucher cette terre. Nous parlons du Tartare, un endroit sombre au bord du cosmos que même les dieux détestent. Les titans étaient enfermés à cet endroit même, entourés d'un mur de bronze sur lequel Poséidon lui-même avait imposé des portes impossibles à franchir.

Certains disent que Cronos avait été exilé à l'extrême ouest, pour être précis dans les îles des Bienheureux, également appelées les îles chanceuses, où des fruits abondants étaient produits trois fois par an et où le titan, flanqué de sa femme Rhéa, il régna sur la lignée héroïque de l'âge du bronze. D'autres disent que Cronos avait été exilé à Ogygie, où il dormait encore dans un rocher doré. Dans cet endroit reculé, il se retrouva enchaîné par le sommeil, la seule chaîne que Zeus lui ait imposée.

Quant à la pierre rejetée par Cronos, Zeus décida de la placer dans les vallées sous le Parnasse comme un signe pour l'avenir, un prodige pour les mortels. Cet endroit, en effet, était le centre du monde : deux aigles qui partaient des limites extrêmes du cosmos, étaient dirigés vers son centre et se rencontraient juste là, où le sanctuaire de Delphes aurait surgi. La pierre a été admirée pendant des siècles comme le *nombril du monde*. Sur ses côtés étaient disposés les deux aigles royaux, en mémoire de l'entreprise des oiseaux de proie. Après avoir vaincu la Titanomachie, la nouvelle génération divine dut partager le royaume : contrairement à ce qui s'est passé avec Cronos qui avait tout fait par lui-même, cette fois tous les dieux avaient participé à la guerre. Pour résoudre le problème, les trois fils de Cronos, Zeus, Poséidon et Hadès, définissent trois sphères d'influence : le monde de surface qui comprend le ciel et la terre, la mer et le monde souterrain. Un tirage au sort confiera à Zeus le pouvoir sur le ciel et la terre, Poséidon aura le pouvoir sur la mer et Hadès le pouvoir sur le monde des enfers. À ce stade, les bases furent posées pour la construction d'un nouveau monde et maintenant Zeus devra commencer un long travail de définition des lois qui régulent le monde auquel il est affecté.

LE ROYAUME DIVIN DE ZEUS

Après la défaite de son père Cronos et après avoir exilé tous les titans dans les profondeurs du Tartare, la période de sérénité qui attendait Zeus fut minée par Typhon, un ennemi attisé par Gaïa, la Terre Mère.

La grand-mère de Zeus, en effet, pour se venger du neveu qui avait plongé tous ses enfants dans cet endroit sombre au bout du monde, se rendit en Cilicie (région qui se trouve actuellement en Turquie) chez le plus puissant et le plus horrible de ses enfants, Typhon, qu'elle avait généré de l'union avec Tartare lui-même. Typhon avait son torse couvert de plumes, des vipères jaillissaient de ses jambes, l'ouverture de ses bras pouvait toucher l'Orient et l'Occident entre eux et, pour compléter le tableau, une centaine de têtes de dragon enflammées sortaient du cou.

Le fils de Gaïa, rendu encore plus redoutable par la colère qui l'animait, monta à l'Olympe pour affronter les dieux ; effrayés, ils se transformèrent en animaux (Artémis en chat, Apollon en corbeau, Aphrodite devint un poisson et ainsi de suite). Ils s'enfuirent en Égypte, laissant Zeus seul. Le combat fut long : Zeus ne perdit pas de temps et commença à lancer ses éclairs puis frappa Typhon avec la faucille. Le monstre semblait vaincu, mais au moment où Zeus était sur le point de porter le coup fatal, Typhon l'attrapa par les jambes, l'immobilisant. Le tenant immobile, il réussit à arracher la faucille de ses mains et à couper les tendons de ses mains et de ses pieds.

À ce moment-là, Zeus fut vaincu. Typhon décida de le cacher dans une grotte en Cilicie et confia ses tendons à la dragonne Delphyne, un être mi-femme mi-serpent. Cela aurait été le destin de Zeus si son fils Hermès n'avait pas décidé de réagir : il vola le sac en peau d'ours où étaient stockés les tendons de son père et, en le libérant, il lui rendit à nouveau sa force.

Zeus recommença à se battre contre Typhon dans un dur combat, et vaincu finalement ce dernier. Il fut emprisonné sous l'Etna où il se trouve encore – les éruptions du volcan ne sont rien de plus que les flammes lancées par Typhon en colère d'avoir perdu la guerre contre Zeus.

À ce moment-là, la paix et la prospérité régnèrent sur l'Olympe et, ainsi, les dieux retournèrent dans leur demeure. Cependant, une nouvelle menace se profilait à l'horizon : Gaïa, aspirant à se venger, continua à comploter contre Zeus. En effet, elle se rendit chez les Géants pour faire à nouveau la guerre à Zeus.

GIGANTOMACHIE

De l'émasculation d'Ouranos naquit plusieurs créatures, y compris les Géants, symbole de force brute et similaires en apparence aux Titans, mais en réalité sont des êtres hybrides, entre humain et divin. Les Géants étaient liés à la prophétie qu'aucun immortel ne serait capable de les vaincre.

La fureur des Géants était comparable à celle des Hécatonchires, mais, contrairement à eux, ils n'employaient pas leur force au service des dieux : ils entendaient *dominer le monde*, comptant sur la force prodigieuse capable de plier la tranquillité désirée par Zeus. Désireux de renverser Zeus et de venger leurs frères Titans, avec la prophétie de leur côté, les Géants, dirigés par Porphyre et Alcyone, se rendirent à l'Olympe et commencèrent ce que les historiens appellent la Gigantomachie.

Cette prophétie, cependant, était également connue de Zeus qui décida de laisser son fils Héraclès (également connu sous le nom d'Hercule), un demi-dieu engendré avec la mortelle Alcmène, participer à la lutte. Grâce à lui, les géants féroces furent vaincus et Zeus put reprendre son règne du haut de l'Olympe.

PROMÉTHÉE

ANTROPOGONIE

Selon de nombreux récits, l'homme primordial fut ressuscité directement de la Terre comme cela arrivait aux dieux. On dit qu'après sa naissance, *Éaque*, fils de Zeus et d'Égine, était tout seul sur son île natale. Son père transforma alors les fourmis de cette terre en hommes et en femmes, lui donnant le peuple des Myrmidons, le premier peuple de construction navale.

Les légendes anciennes racontent que le fils du titan Japet et Clymène, Prométhée, dont le nom signifie *celui qui est capable de prédire*, vécu avec son frère Épiméthée, celui qui *comprend tardivement*. Tous les deux faisaient partie de la lignée des géants qui avaient osé défier Zeus pendant la Gigantomachie, mais Prométhée fut le seul à participer à la lutte en faveur des dieux olympiques. En récompense de sa fidélité, il avait obtenu la permission d'entrer dans l'Olympe et le palais divin même si, au fond de son cœur, ses sentiments pour Zeus n'étaient pas amicaux à cause du destin qu'il avait destiné à ses frères.

À l'époque, les hommes tenaient des réunions publiques et des banquets avec les dieux, et au cours de l'une de ces réunions, un énorme bœuf fut amené à la table, qui devait être divisé entre Zeus et les hommes. Prométhée fut chargé de diviser l'animal et ainsi, il en profita pour se venger de Zeus. Prométhée, divisa le gros bœuf en deux parties et pensa bien cacher la chair tendre sous une épaisse couche de peau d'un côté et de l'autre, au lieu de cela, il broya les os et la graisse qu'il recouvra d'une fine couche de peau, la rendant plus appétissante seulement en apparence. Alors le père des dieux et des hommes lui dit : « Fils de Japet, quelles parties inégales as-tu faites ! » et Prométhée, plein de sens éternel, lui répondit, conscient de la tromperie : « Zeus, maximum, parmi les dieux éternels, tu choisis la partie qui te convient le mieux ».

Zeus prit des deux mains la partie blanche, la grosse et son cœur fut rempli d'une colère sans limites quand il vit les osselets habilement cachés, puisque les hommes ne brûlent que les os blancs lorsqu'ils offrent un sacrifice aux dieux. Conscient de la tromperie, le dieu déchaîna sa colère sur les hommes en les privant de feu et en ramenant l'élément à l'Olympe. Pendant ce temps, Prométhée, croyant que la punition était injuste, vola le feu pour le ramener aux hommes, le cachant dans le creux d'un roseau. Son subterfuge, cependant, ne passa pas inaperçu par Zeus, qui remarqua le piège et décida de le punir : le père des dieux ordonna à Hermès et Héphaïstos de clouer Prométhée à une falaise dans le Caucase, afin qu'un aigle puisse ronger son foie avec son bec pointu pendant la journée pour l'éternité. Pendant la nuit, l'organe se régénérait par magie. Trente ans plus tard, Prométhée fut libéré par Héraclès qui, avec une flèche, tua l'aigle et libéra le géant, qui fut autorisé par la suite à retourner à l'Olympe.

Non content du châtiment infligé à Prométhée, Zeus décida de punir toute la race humaine. La figure féminine n'avait pas encore été créée et, ainsi, le père des dieux ordonna à Héphaïstos de façonner une image humaine en utilisant de l'eau et de l'argile. Héphaïstos était si doué pour la façonner, que la femme devint supérieure à toute louange, et tous les dieux furent chargés de placer des cadeaux en elle : Athéna lui donna des robes blanches, des fleurs et une couronne d'or, tandis qu'Hermès, moins bon envers elle, reposa dans son cœur de mauvaises pensées et sur les courbes de ses lèvres des discours fascinants mais, en même temps, trompeurs.

Le nom donné à la femme fut Pandora, du grec *pan doron* ou *tout cadeau*, interprétable comme « riche en chaque cadeau ». Le don de Zeus était supérieur à tous les autres, il lui offrit en effet un vase contenant tous les maux encore inconnus de l'humanité : jalousie, vieillesse, folie, maladie, vice, passion, faim, etc. La seule indication qu'il lui donna fut de ne pas ouvrir le vase, sans qu'aucune raison ne lui soit donnée. Zeus la confia alors à Hermès pour l'apporter en cadeau à Épiméthée, qui était tombé follement amoureux d'elle et l'épousa, ignorant les recommandations de son frère Prométhée qui lui avait dit de ne pas accepter de cadeau des dieux. Pandore, prise par curiosité, ouvrit la boîte et de là furent déclenchées sur la terre toutes les punitions que Zeus lui avait infligées, comme la mort, la maladie, la douleur et toutes les autres jusqu'alors inconnues. Par la suite, elle essaya de fermer le couvercle mais il était trop tard. Seulement un des dons donnés par les dieux resta dans la boîte : *Elpis*, l'espoir.

OLYMPE : LES DIEUX GRECS

ZEUS

ZEUS

Zeus est le dernier des six fils de Cronos, seigneur des titans. Aidé par divers alliés et la foudre (une arme très puissante que les Cyclopes avaient forgée pour le remercier de les avoir libérés du Tartare) il réussit à renverser son père. Après la Titanomachie et la Gigantomachie, Zeus devint le Seigneur des dieux, des cieux et de l'univers grec.

La représentation de Zeus est celle classique d'un homme énorme, grand, beau, fort, performant, sérieux, avec de longs cheveux et une longue barbe ; il est le plus puissant des frères et est généralement représenté assis sur le trône, avec son éclair à la main. Les animaux sacrés pour Zeus sont l'aigle, métaphore de sa domination sur les cieux, le taureau, une forme qu'il prendra souvent pour tromper ses maîtresses, et le loup.

Aux quatre coins du trône, il y a quatre divinités ailées, ses serviteurs : Niké, déesse de la victoire ; Krátos, représentation du pouvoir ; Zélos, représentation de l'ardeur ; et Bia, représentation de la force. De ces déesses, nous savons que Niké occupe une place privilégiée, car elle a pour tâche de conduire le char et les chevaux de Zeus. Iris, la déesse ailée de l'arc-en-ciel, est la première messagère de Zeus, un rôle qui, plus tard, sera confié à son dernier fils Hermès.

La titanide Thémis, déesse de la justice et de l'ordre, est assise à ses côtés avec six de leurs filles : les trois Moires (les déesses du destin qui correspondaient aux trois parties de la lune) et les trois Heures, ou Saisons, divinités qui président aux trois saisons du monde grec – cette présence signifie que Zeus est le Seigneur de l'ordre universel et du passage du temps. La dernière déesse du conseil de Zeus est Métis, l'une des Océaniens ainsi que la divinité de l'intelligence et de la pensée : elle tombera enceinte de Zeus, mais à cause d'une prophétie selon laquelle le nouveau-né dépasserait son père en intelligence, il avalera Métis avant même qu'elle ne puisse accoucher. De cette façon, Zeus absorbe l'intelligence de la déesse, en tenant compte que, selon les Grecs, le siège du cerveau était précisément l'estomac. Selon certaines versions du mythe, la fille de Métis naîtra de Zeus qui se plaignit d'un très fort mal à la tête et ordonna à Héphaïstos de lui casser le crâne pour arrêter la source de cette douleur : de la blessure sortit Athéna, parfaitement armée, forte et intelligente comme sa mère.

La situation sentimentale de Zeus, très orageuse, se cristallise dans le mariage avec sa sœur la déesse Héra. Ils sont les seigneurs de l'Olympe et Héra était souvent appelée *la mère des dieux*, bien qu'elle n'ait donné naissance qu'à cinq des innombrables enfants de Zeus. Parmi les plus connus figurent Arès, le dieu de la guerre ; Eris, la déesse de la discorde ; Héphaïstos, le dieu du feu et des métaux ; et Ilithyie, la déesse protectrice des femmes enceintes et des douleurs d'accouchement.

Bien qu'il soit marié à Héra, Zeus est connu pour entremêler des coups d'un soir avec de nombreuses autres déesses telles que Déméter, Eurynomé, Léto, Métis, Mnémosyne, Maïa, Thémis ; avec des femmes mortelles telles qu 'Antiope, Callisto, Alcmène (la mère d'Héraclès), Danaé, Europe, Io, Sémélé ; et avec deux hommes, Ganymède et Euphorion. Comme nous pouvons l'imaginer, le désir amoureux de Zeus n'a pas de limite. De ce fait, il a recours à tous les moyens possibles pour le réaliser : plusieurs fois il se déguise et change d'apparence pour tromper ses maîtresses. Une version du mythe de Ganymède voit le beau mortel enlevé par Zeus sous la forme d'un aigle divin ; Io fut enveloppée par un léger brouillard ; Europe fut enlevée par Zeus sous la forme d'un taureau blanc ; Zeus conçut le héros Persée avec Danaé, en la fécondant sous la forme d'une pluie dorée. Celle-ci avait été effectivement forcée par son père Acrisius de vivre entre les murs de bronze d'une prison souterraine contrôlée à vue par des sentinelles armées, afin de ne pas donner naissance à un fils mâle qui aurait évincé le roi d'Argos.

De plus, le sort de ses maîtresses est souvent malheureux. Héra finit toujours par découvrir les trahisons de son mari, et elle déverse sa colère sur les femmes dont il s'est épris. Même les fruits de ses innombrables amours devront se protéger d'Héra, comme nous le verrons au cours de cette deuxième partie du livre.

Les filles les plus célèbres de Zeus sont celles qu'il eues avec Mnémosyne : les neuf muses. Elles sont considérées comme des divinités mineures, car elles ne sont pas seulement adorées par les dieux, mais aussi par la plèbe. Elles sont adorées parce qu'elles protègent les arts au sens large ; en effet, elles président à la musique, à la danse, au chant, à la poésie et, en général, à l'extériorisation artistique de l'esprit humain.

L'importance des muses dans la religion grecque était élevée, car ce sont elles qui donnent l'inspiration à l'artiste : trivialement, chaque fois que nous avons un bloc d'écrivains, cela signifie que les muses ne nous ont pas considérés à la hauteur de l'art que nous interprétons.

L'étymologie du nom muse sembledouteuse : la racine du mot grec *musai* pourrait correspondre à *mettre dans la tête, pour faire réfléchir les gens*, mais elle pourrait aussi être synonyme de *nymphes des montagnes*, car leur origine possible pourrait correspondre à un événement qui se réfère à Pégase. Ses sabots de cheval ailé auraient créé des sources à partir desquelles les muses seraient nées. Même leur lieu de naissance est remis en cause : certains le placent en Béotie au pays d'Hésiode, d'autres en Thrace, d'autres dans le Parnasse ou à Delphes.

À l'origine, les muses ne jouaient pas un rôle précis et leurs actions étaient interchangeables. Ce n'est que plus tard, au cours de la période hellénistique, que nous assistons à la spécialisation des muses dans les différents genres, afin qu'elles puissent être invoquées de manière distincte pour exercer leur protection et leur inspiration.

Les neuf muses sont dirigées par Calliope, *celle qui a une belle voix* ; muse de la poésie épique et par conséquent, celle qui est invoquée par ceux qui doivent écrire un poème épique – Homère, dans l'Iliade, quand il dit *Chante, ô déesse* ilse réfère à elle. Comme l'épopée était à l'époque la forme la plus importante de la littérature, Calliope est devenue la muse principale. Initialement Calliope était représentée dansant avec une lyre à la main, mais plus tard, à l'époque classique, les objets avec lesquels elle était représentée sont devenus une tablette de cire et un stylet avec lesquels on peut écrire l'épopée.

Clio la deuxième muse, est la proclamatrice, *celle qui rend célèbre*. Elle est représentée avec un tas de livres, de parchemins et de tablettes dans ses bras, précisément parce qu'elle rédige les chroniques historiques.

La troisième muse, Érato, encourage l'amour de la poésie et du chant choral : son nom vient d'Eros et peut être traduit par *celle qui est aimable* ou *celle qui suscite la passion*. Érato est représenté chantant et dansant, couronné de myrtes et de roses, et elle est toujours accompagnée d'un arc et de flèches, pour représenter Eros.

Euterpe, *celle qui se réjouit*, est la muse de la musique et de la poésie lyrique, elle est représentée avec une flûte à la main, un instrument dont elle est considérée l'inventrice.

La cinquième muse, Melpomène est la muse de la *tragédie* : elle porte un poignard sanglant, un sceptre, le masque tragique et des vêtements classiques d'un artiste de tragédie, par exemple des sandales ; elle a toujours une expression sévère, car c'est un art très difficile à traiter et à interpréter. On dit que, probablement, elle a généré les sirènes avec le dieu de la rivière Achelous et cela expliquerait leur capacité de chanter.

Polymnie est la muse qui préside à la pantomime, à l'orthèse, à la danse associée au chant sacré et héroïque, mais aussi à la rhétorique, à la géométrie et à l'histoire... Tous ces arts sont liés à elle, peut-être parce que son nom signifie *plus de voix*.

Thalie est l'opposé de Melpomène : elle est la muse de la *comédie*, de la *poésie idyllique* et de tout ce qui est comique et satirique ; voilà pourquoi elle porte le masque de la comédie. Son nom signifie celle qui est en fleur et fait prospérer et, par conséquent, dans les représentations, elle est recouverte de fleurs.

Terpsichore est la muse de la *danse* et des *paroles chorales*, elle est représentée couronnée de laurier, une plante sacrée pour Apollon, et des instruments de musique à la main ; son nom signifie apporter plaisir et joie.

La dernière des muses est Uranie : son nom signifie céleste, qui fait partie du ciel et, en effet, elle est la muse de *l'astronomie* et de *la géométrie*. Elle est représentée enveloppée d'étoiles et avec le globe dans ses mains.

Filles de la mémoire et expertes en tout art, les muses connaissaient passé, présent et futur, à l'instar d'autres divinités, par exemple, les Moires, déesses du destin.

HÉRA

HÉRA

H éra, sœur et épouse de Zeus, était connue comme la reine des dieux ; fille de Cronos et de Rhéa, elle fut avalée par son père comme tous les autres enfants, à l'exception de Zeus. Son enfance se déroule sur l'île d'Eubée, précisément dans la maison de la néréide Thétis, où la nymphe Macris s'occupe d'elle.

Le mariage avec Zeus fut généralement heureux, malgré la jalousie fondée d'Héra. L'une des querelles les plus furieuses éclata immédiatement après le mariage ; un événement qui a fait fuir la déesse pour se réfugier sur l'île où elle avait grandi et consolée par sa nourrice. Pendant ce temps, incapable de vivre sans elle, Zeus demanda conseil à Alcmène et conçut un stratagème pour la reconquérir. Il répandit la nouvelle de son mariage à venir avec une belle nymphe et organisa toute la pantomime : il habilla une marionnette de vêtements somptueux, la mit sur une charrette, ordonna au chauffeur de parcourir toutes les rues de l'île et d'expliquer à tous ceux qui l'interrogeait qu'il portait la future épouse de Zeus. Entendant la nouvelle et aveuglée par la jalousie, Héra se précipita vers sa rivale, lui arracha les vêtements, mais elle se rendit compte qu'il s'agissait d'une femme en bois. La déesse comprit la leçon de son mari et retourna bientôt à l'Olympe à côté de lui.

Héra était représentée sur ce trône, avec une grenade dans une main comme symbole de fécondité, étant donné son rôle de déesse protectrice des naissances et du mariage ; tandis que dans l'autre main, elle tenait le sceptre surmonté d'un coucou, en mémoire de l'animal incarné par Zeus quand il lui demanda la main. Son apparence était merveilleuse et inspirait de la vénération : son visage était encadré par des cheveux épais, de beaux grands yeux et son regard était aussi doux que celui de toutes les matrones.

On dit qu'Héra était particulièrement vindicative envers les maîtresses de son mari et le mythe de Io décrit très bien cette coutume. Io était prêtresse d'Héra et fille du roi d'Argos et de la nymphe Mélia. Zeus déclara un jour son amour à Io. Il lui proposa de vivre dans une maison dans les bois, un endroit où personne ne les dérangerait et qui la protégerait. La prêtresse, effrayée par ces paroles, commença à s'enfuir, mais Zeus, imperturbable la poursuivit en se transformant en une nuée enveloppante.

Juste à ce moment-là, Héra remarqua l'absence de son mari et, voyant cet étrange nuage, devina immédiatement la trahison. Sentant la présence d'Héra et sachant que rien de bon n'arriverait à sa maîtresse, Zeus se prépara à transformer Io en génisse. Cependant, le subterfuge ne trompa pas la rusée Héra qui demanda à Zeus de lui donner l'animal. Zeus alors, pour ne pas être découvert, ne put pas lui refuser le don, même si cela aurait signifié condamner Io à un triste destin.

Déterminée à punir l'amante de son mari, Héra donna la génisse à celui qui pouvait tout voir grâce à ses cent yeux placés dans chaque partie du corps, le géant Argos. Elle fut surveillée en permanence, parce que les cent yeux se reposaient à tour de rôle. Io commença une vie terrible, forcée chaque jour de paître, de boire au bord des rivières et d'être attachée la nuit pour ne pas s'échapper.

Se sentant coupable de l'avoir condamnée à un sort si cruel, Zeus demanda de l'aide au messager Hermès et lui ordonna de libérer la jeune fille de l'esclavage. Prenant l'apparence d'un jeune éleveur de chèvres, Hermès s'envola sur la Terre et commença à jouer d'un instrument de musique fait de roseaux, produisant une mélodie si harmonieuse qu'Argo lui-même le supplia de laisser ses chèvres paître avec lui. La musique faisait dormir tous ceux qui écoutaient ces douces notes, mais Argo, habitué à se reposer avec la moitié de ses yeux, ne s'endormait jamais. Intrigué par ces doux sons, Argo demanda qui avait inventé cet instrument : ainsi Hermès commença à raconter d'une voix faible...

Autrefois dans les montagnes d'Arcadie vivait une nymphe nommée Syrinx (du grec roseau), une adepte d'Artémis, la déesse qui vivait de chasse dans les bois. Sa grâce était telle que de nombreux dieux désiraient la posséder et, en effet, ils essayèrent de le faire. Parmi eux, le dieu Pan commença un jour à la poursuivre. Syrinx, dans une tentative d'évasion, supplia son père Ladon, le dieu de la rivière, de la soustraire à cette chasse. Pour la sauver, il la transforma en un fagot de roseaux juste sous les yeux de Pan qui ne put que prendre une tige, la couper en plusieurs morceaux et les ficeler. C'est ainsi que l'instrument de musique connu sous le nom de seringue ou flûte de Pan fut créé.

Lorsque l'histoire fut terminée, Hermès réalisa que les cent yeux du géant s'étaient fermés, ils s'étaient endormis. Le dieu utilisa ce moment pour le tuer en le jetant du haut d'une falaise et parvenant ensuite à libérer la jeune Io. Pendant ce temps, du haut de l'Olympe, Héra remarqua la mort d'Argos et, ne pouvant plus le sauver, prit ses cent yeux et les fixa sur la queue d'un animal sacré pour elle : le paon.

Cependant, la condamnation de Io n'était pas encore terminée : Héra décida de la tourmenter en lui envoyant un taon qui la piquait continuellement l'amena à se jeter à la mer pour lui échapper. Après avoir traversé à la nage la mer, qui prit le nom d'ionienne, elle accosta en Égypte. Là, Io reprit sa forme humaine et donna naissance au fils qu'elle avait eu avec Zeus, Épaphos.

La jalousie d'Héra lui fit concevoir même des revanches transversales qui remonte à l'aube de la relation avec Zeus qui commença par une tromperie : la voyant se promener seule et immergée dans ses pensées, il tomba amoureux d'elle et décida qu'il devait l'avoir à tout prix. Le dieu se transforma alors en coucou, et tapi sur le sommet d'une montagne, déclencha une violente tempête. La pluie et le froid incessant le poussèrent dans les bras de la déesse qui, adoucie, réchauffa l'animal froid. Juste à ce moment-là, Zeus se montra dans sa vraie forme et se prépara à séduire la déesse qui d'abord essaya de se renier, mais à la fin capitula à ses pieds. C'est donc depuis le début de sa relation avec son futur mari, qu'elle savait dans son cœur, qu'elle ne pouvait pas faire confiance à cet homme capable de se déguiser sous toutes ses formes pour séduire.

HÉPHAISTOS

HÉPHAÏSTOS

Héphaïstos est le dieu estropié des métaux, de l'artisanat et des forgerons. Sa vie est parsemée de moqueries et d'insultes de la part de tous les dieux grecs. Malgré cela, son rôle est fondamental en tant que *dieu du travail manuel* et beaucoup de ses caractéristiques physiques, dépendant précisément de cette fonction, reflètent les difformités des anciens forgerons.

Sa naissance est très particulière : la version la plus répandue nous dit qu'il n'était que le fils d'Héra. Il semble, en effet qu'Héra, jalouse du fait que son mari avait donné naissance à Athéna, seul et directement de sa tête, elle décida d'engendrer seule un enfant. Au moment de sa naissance, l'apparence estropiée d'Héphaïstos ne fut pas acceptée par sa mère qui décida de le jeter du mont Olympe. Il tomba pendant une journée entière et atterrit près d'une grotte sous-marine. Ayant survécu à la chute grâce à son essence divine, il sera récupéré par Thétis, mère d'Achille, et par Eurynomé, deux divinités de la mer qui l'élèveront comme un fils.

Héphaïstos vécut neuf ans dans la grotte avec ses mères adoptives qui furent compensées par des bijoux majestueux fabriqués directement par le dieu. Ce sont ces pierres précieuses qui décrétèrent son retour à l'Olympe. Héra était fascinée par l'une des broches forgées par Héphaïstos. Chevauchant un âne qui deviendra son animal sacré, il se présente devant les dieux olympiques avec douze trônes précieux et revendique sa place, affirmant d'être le fils d'Héra. Tous les dieux furent très heureux d'accueillir l'habile forgeron qui, cependant, n'avait pas oublié le tort subi. Il invita sa mère à s'asseoir sur le trône d'or et de diamants qu'il avait fait pour elle. Au moment où elle s'assit sur le précieux trône, elle fut immobilisée par celui-ci, incapable de se lever.

Après l'avoir piégée, Héphaïstos disparut pendant plusieurs semaines jusqu'à ce que Dionysos réussisse, peut-être en le faisant boire à le convaincre d'accepter les excuses de sa mère. Il finit par la pardonner, et s'ensuit son mariage avec Aphrodite.

Le retour à l'Olympe augmenta le travail de forgeron d'Héphaïstos, qui créa des objets incroyables : une série de femmes mécaniciennes qui l'aidaient dans son travail de forge, une série de tabourets à trois pieds mécaniques capables de se déplacer entre les mines pour transporter les minéraux bruts et des objets finis et, enfin, une attelle et une béquille d'or pour sa patte folle. Sa difformité n'améliora pas du tout avec l'arrivée dans l'Olympe : il sera jeté pour la deuxième fois du haut de la montagne directement par Zeus, alors qu'il tentait de protester contre la condition malheureuse qui voyait sa mère pendue dans le Chaos pour avoir tenté de faire un coup d'État.

Une fois de plus, Héphaïstos tomba pendant une journée entière et s'écrasa sur l'île de Lemnos, où il fut aidé par des pirates émus de pitié par sa laideur et sa difformité. Ils le vénèrent et en peu de temps, il se remit en forme et le sol sur lequel il tomba devint un lieu de pèlerinage. La boue de Lemnos saupoudrée sur des blessures serait capable de guérir rapidement n'importe quelle maladie.

La forge principale d'Héphaïstos est située sous l'Etna, un endroit où il sera aidé par le souffle ardent de Typhon ; les créations les plus célèbres seront réalisées juste là. En plus des bijoux et objets précieux qui l'aidaient à réaliser ses œuvres, Zeus lui commanda un marteau divisé en deux parties, de sorte qu'une partie était imparfaite, pour créer les armes réservées à tous les autres dieux, et l'autre était parfaite pour fabriquer les armes réservées uniquement au dieu. Probablement, Héphaïstos construit l'Égide, le bouclier de Zeus, les armes d'Achille et de Thétis, des instruments à percussion appelés claquements de bronze pour Hercule, des flèches et un arc d'or et d'argent pour Apollon et Artémis, le casque et les bottes pour Hermès, la ceinture magique de sa femme Aphrodite, et ainsi de suite. De plus, comme nous l'avons déjà mentionné, Héphaïstos est le créateur de Pandore et de sa boîte qui répandit tous les maux dans le monde.

Les histoires dont Héphaïstos est le protagoniste sont aussi les plus humiliantes. La première concerne sa prétendue union avec Athéna : les deux divinités représentent les arts mineurs et l'artisanat (il semble qu'Athéna était même une côte d'Héphaïstos) et il avait une certaine affection pour la déesse, bien qu'il fût marié à Aphrodite. Selon certaines versions, cette union était sur le point d'être perpétrée quand, au dernier moment, Athéna disparut et la semence divine d'Héphaïstos se répandit sur la terre, fécondant Gaïa. De cette union est né Erittonius, un enfant aux jambes serpentiformes qui fut adopté par Athéna et qui est devenu le quatrième roi mythologique d'Athènes.

La deuxième légende qui voit Héphaïstos comme le protagoniste concerne également la belle Aphrodite, la femme avec qui il a eu deux enfants légitimes : Éros et Harmonie. La beauté et la perfection des deux créatures ont immédiatement fait penser que le père n'était pas réellement Héphaïstos, car aucun d'eux n'avait la difformité du père présumé. La principale histoire d'amour d'Aphrodite était avec Arès et cette relation était connue de tous, sauf d'Héphaïstos, qui a été informé de la situation par Hélios, qui lui en a parlé. Pour les prendre sur le fait, Héphaïstos fabriqua un filet d'or indestructible qu'il plaça dans son lit double, attendant que les deux consommaient l'acte. Les deux dieux furent pris en flagrant délit et, espérant qu'ils seraient dénigrés, Héphaïstos convoqua toutes les autres divinités. Cependant, non seulement ils critiquèrent Aphrodite, mais ils ciblèrent également Héphaïstos. Humilié, le dieu reçut la dot de mariage de Poséidon et ne retourna jamais au mont Olympe, restant confiné dans ses sombres forges.

Là Héphaïstos conclut le mariage avec la déesse de l'amour et vit de nombreuses relations avec des divinités mineures telles qu'Aglaé, déesse de la beauté et messagère d'Aphrodite, qui donne naissance aux quatre *jeunes Charites* (Eukléia, Euphème, Euthénia et Philophrosyne). Une autre maîtresse du dieu était Etna, une nymphe des montagnes qui générait les dieux protecteurs de la navigation et des sources chaudes, des divinités souterraines appelées *Palici*. Enfin, de son union avec la nymphe de la mer Cabeiro, il généra Alcon et Eurymédon, des divinités du monde souterrain appelées *Cabires*. Comme leur père, *les Cabires* (un nom qui fait référence aux crabes) sont boiteux et leur marche fait référence à celle des crustacés, résolument similaire à celle d'Héphaïstos.

La difformité était une condition très lourde pour les populations anciennes, en particulier pour les Grecs : Héphaïstos, tout en étant décrit en termes positifs, était représenté comme laid, petit et gros à travers des statues placées près des cheminées. Cette accusation peut provenir du monde réel, lorsque d'anciens forgerons, habitués à inhaler des métaux toxiques tels que l'arsenic, ont pu développer des déformations sur le visage et les membres qui ressembleraient aux malformations d'Héphaïstos. D'autres sources disent que le dieu des métaux était laid et boiteux à cause des sentiments de colère qui ont poussé sa mère à le créer.

Héphaïstos est un dieu profondément solitaire : laid, indésirable, mal aimé, esquivé par tous, trahi par la plus belle déesse. Il représente en même temps l'esprit laborieux, le talent et le sacrifice qui rachète la laideur et les limitations physiques.

ARÈS

ARÈS

L'une des divinités les moins appréciées du panthéon grec est Arès, le dieu de la guerre dans son aspect le plus primitif. Son nom *le furieux, le violent*, et sa racine réapparaît dans les surnoms attribués à d'autres divinités telles que Zeus Areios, Athéna Areia et Aphrodite Areia. Sparte était célèbre pour arborer une statue d'Arès enchaîné dans le centre de la ville, ce qui signifie que l'esprit combatif et la violence au combat ne pouvaient jamais disparaître de là.

Arès est l'un des rares enfants légitimes de Zeus, né de son mariage avec Héra. Il a deux sœurs, Hébé et Ilithyie. Selon d'autres, Arès est aussi le frère jumeau d'Éris, la déesse de la discorde. Quoi qu'il en soit, il était porteur de troubles sans précédent et était accompagné au combat par différentes créatures telles que Polémos, démon de la guerre, Krátos et Bia, les deux frères qui personnifiait la force brute et la violence. Par conséquent, Arès est le dieu de la guerre la plus violente. Pour cette raison, il est méprisé par les autres dieux, en particulier parce que les Grecs étaient célèbres pour préférer la ruse au combat et à la force. Il est l'incarnation de la soif de sang : il avait l'habitude d'aller au combat nu, vêtu seulement d'un manteau et armé d'une lance, d'une épée et d'un bouclier.

Malgré l'image musclée et forte qu'elle nous évoque, la figure d'Arès dans ses descriptions physiques est terrifiante. Il était accompagné des esprits de la bataille, appelés *Makhai*, alors qu'il chevauchait un quadrige tiré par quatre chevaux immortels, complètement noir et capable de cracher du feu des yeux et des narines. Comme si cela ne suffisait pas, Arès était accompagné de deux de ses fils divins, Deimos et Phobos, la peur et la terreur.

Le premier mythe qui le voit comme un protagoniste fait référence à la naissance de la ville de Thèbes. Le héros Cadmus, avait été chargé par l'oracle de Delphes de chasser une certaine vache et de créer une ville à l'endroit où elle s'arrêterait. L'animal s'arrêta près d'une grotte dans laquelle vivait un terrible dragon de mer consacré à Arès, que Cadmus tuera. Sur les conseils des dieux, en particulier de la déesse Athéna, Cadmus planta les dents du dragon dans le sol, ce qui donna naissance à une armée de soldats, *les Spartes*, qui l'aidèrent à construire la ville de Thèbes. Cadmus a bien sûr du servir Arès pendant des années pour expier la faute d'avoir tué un animal sacré pour lui.

Célèbre pour sa relation clandestine avec Aphrodite, Arès est le père d'un nombre incalculable d'enfants, engendrés avec de nombreuses mortelles différentes. Il est découvert et piégé alors qu'il était allongé dans le lit d'Héphaïstos avec Aphrodite, un événement qui se produit à cause d'Hélios. Le dieu soleil les découvrit alors qu'ils étaient allongés dans une cabane en Thrace. La découverte amère eu lieu parce que le garde, nommé par Arès pour que personne ne regarde à l'intérieur de la maison, s'endormit juste avant le lever du soleil. A l'aube Hélios passa au-dessus du ciel de Thrace et ne put éviter de les apercevoir. À ce moment-là, Arès décida de punir sa garde, Alectryon, qui à partir de ce jour se transforma en un animal qui, au lever du soleil, ouvrit les yeux et chanta : *Alectryon* qui, en grec, signifie *coq*. Les méfaits d'Ares, cependant, ne s'arrêtent pas là.

En Macédoine vivait un être mi-homme, mi-monstre appelé Cycnos. Il voulait ériger un temple fait d'os des gens qu'il avait tués en faveur de son père Arès. Cela conduira Héraclès à affronter et à tuer Cycnos, mais la mort de ce dernier déclencha la colère d'Arès qui, sans succès, tentera d'affronter le héros. Juste avant d'être tué, il s'enfuit à l'Olympe.

Ne portant aucune armure, dès qu'il est blessé, Arès aussi s'échappe sur le mont Olympe. Sa mère Héra connaissait bien la situation. Dans l'Iliade, Arès est rappelé sans surprise au ciel après une longue séquence de méfaits. Au début, il se rangea du côté des Grecs, puis il se laissa convaincre par Aphrodite et passa du côté des Troyens. Héra, sûre que tôt ou tard Arès aurait une mauvaise fin, convainquit Zeus d'intervenir et Diomède sera choisi comme acte de guerre. Ce dernier sera chargé d'avoir blessé Arès et jettera sa lance sur le dieu qui, promptement, s'enfuira en toute sécurité sur l'Olympe, comme sa mère Héra le voulait.

APHRODITE

APHRODITE

Le nom de la déesse de l'amour, de la passion érotique et du sexe est Aphrodite. Il signifie *née de l'écume de la mer*. La version la plus connue de sa naissance concerne l'émasculation d'Ouranos par Cronos : le membre du père jeté à la mer forma une mousse d'où émergea une coquille avec une Aphrodite parfaitement formée à l'intérieur – tout comme nous pouvons l'admirer dans le tableau *La Naissance de Vénus* de Botticelli. Les côtes qui ont vu sa naissance auraient été celles de Chypre ou de l'île de Lemnos ; partout où elle émergeait, la déesse nouveau-née était vêtue de bijoux par diverses nymphes.

Aphrodite, précieusement vêtue, fut accueillie avec joie par les Olympiens et aussi par Zeus, qui l'accepta comme fille adoptive. Elle était la déesse la plus belle et la plus impétueuse de tout le panthéon, mais bien qu'elle soit une déesse, elle n'était pas parfaite. Elle avait sept défauts qui la rendaient encore plus unique et merveilleuse : la racine de ses cheveux avait une couleur légèrement plus foncée que le blond des cheveux longs, ses yeux avaient un léger strabisme, son majeur était légèrement plus long que les autres doigts de la main, elle avait des rides sur le cou, le deuxième orteil était plus long que le gros orteil (pied grec), ses lignes abdominales étaient obliques et elle avait deux fossettes juste au-dessus du bas du dos.

La déesse de la sexualité et de l'amour possédait également la capacité magique de faire tomber amoureux de tous ceux qui la regardaient, une capacité renforcée par une ceinture qui lui avait été donnée par son mari Héphaïstos. Même la triade olympique ne put résister au charme d'Aphrodite. Zeus ne voulait pas céder à la magie de la déesse et était extrêmement agacé par les dieux qui se disputaient pour identifier qui pourrait l'épouser. Il décida de l'accorder en mariage à Héphaïstos, le plus laid des dieux, mais en même temps, l'un des plus forts. L'idée de Zeus a fonctionné et la situation enflammée parmi les dieux s'est calmée, à l'exception du dieu de la guerre Arès. Comme nous le savons bien, Héphaïstos piègera les deux amants dans un filet d'or et, plus tard, Aphrodite s'échappera vers une île lointaine où elle retrouvera sa virginité.

Hermès, qui avait exprimé de nombreuses appréciations romantiques en faveur de la déesse, sera récompensé : il couchera avec elle et procréera un fils d'une beauté très efféminée appelé Hermaphrodite, de l'union des deux noms. Hermaphrodite deviendra plus tard un être avec un double sexe lorsqu'il fusionnera avec une nymphe qui tombe follement amoureuse de lui.

Pendant ce temps, Aphrodite deviendra également la mère de Priape, générée par l'union avec Dionysos, une représentation de sexualité osée, de la saleté et de la violence sexuelle. Il est souvent représenté comme un petit être barbu, doté d'un membre aussi grand que lui.

Un dernier mythe qui voit Aphrodite comme protagoniste principal, concerne la guerre de Troie. Zeus, pour punir la déesse de sa promiscuité, décida de la faire tomber amoureuse du mortel Anchise, un héros très performant. Aphrodite, transformée en princesse de Thrace, fera l'amour à Anchise puis se révélera à lui après l'acte. Mortifié d'avoir dépouillé une déesse, il demanda immédiatement pardon et la déesse lui dit qu'il n'avait rien à craindre à condition qu'il n'en parle à personne. Malheureusement, un soir où Anchise était légèrement ivre, il se vanta à ses amis qu'il avait dormi avec la déesse de l'amour. A cet instant-là, Zeus le punit en lui lançant un coup de foudre. Aphrodite, amoureuse du mortel, détourna la foudre, mais ne put le sauver complètement ; il se cassa le dos et resta bossu à vie. Devenu laid, Aphrodite perdit tout intérêt pour lui et lui confia son fils Énée, le laissant seul.

D'après les événements racontés, Aphrodite n'a jamais joui d'une excellente réputation : elle était rusée, capricieuse et inconstante, mais toujours respectée. Pour les Grecs, c'était la plus belle divinité du panthéon et de son nom dérive le mot *aphrodisiaque*, c'est-à-dire une substance qui augmente le stimulus sexuel.

ATHÉNA

ATHÉNA

Athéna a des origines très particulières : elle est née de la tête de Zeus. Celui-ci avala sa mère Métis, titanide de sagesse et de connaissance, ainsi que tante du dieu. Elle prédit que ses fils auraient été supérieurs à leur père, même si ce dernier avait été Zeus lui-même. Terrifié par la possibilité d'être renversé, Zeus avala Métis qui, cependant, était déjà enceinte d'Athéna.

Dans l'estomac du dieu, Métis donna donc naissance à Athéna et forgea son armure. Les mouvements de la petite fille déclenchèrent un violent mal de tête à Zeus qui, pour guérir, se fit frapper par Héphaïstos au crâne. De la blessure émergea Athéna déjà adulte, belle et armée. Étant l'aînée de Zeus, la déesse est considérée comme l'héritière légitime du trône et son père, à partir de ce moment, n'essaiera plus de la tuer pour éviter d'être détrônée, mais la traitera comme elle le mérite.

Née comme une déesse de la guerre, Athéna héritera de toute la sagesse et de l'intelligence de sa mère et, contrairement à son frère Arès, elle sera la plus forte de l'Olympe, mais aussi la plus rusée : pour cette raison, elle sera appelée la *déesse de la stratégie militaire et de la sagesse*. Athéna participe à la fois à la Titanomachie et à la Gigantomachie, dans laquelle elle vaincra une série de géants, parmi Pallas qu'elle écorcha vivant. À cause de cela, elle sera surnommée Pallas Athéna, bien que de nombreuses autres histoires racontent d'une autre petite déesse, son amie, nommée Pallas qui a été tuée par Athéna par erreur : cette dernière alors, pour honorer son amie perdue, prit son nom.

Après la période de guerre, Athéna resta non seulement la déesse de la guerre, mais commença à créer un flot d'objets : les brides pour chevaux, le joug des bœufs, le char... de plus elle inventa la navigation, créa des navires pour les hommes et donna vie à tous les arts autrefois réputés féminins tels que la couture, la cuisine, les tâches ménagères et ainsi de suite. Athéna est également surnommée Parthénos, car elle décida de rester vierge pour toujours et elle menait une vie divisée entre travail au combat et ménage.

En outre, on lui attribue l'invention de nombreux instruments de musique, par exemple, la flûte qu'elle fabriqua en sculptant un roseau. Elle aimait le son qui émanait de ce nouvel instrument et a commencé à jouer même sur le mont Olympe, jusqu'à ce que les autres femmes, envieuses, commencèrent à se moquer d'elle pour l'expression que le visage assume en jouant d'un instrument à vent. Se voyant réfléchie sur un plan d'eau, Athéna décida qu'elle ne jouerait plus de la flûte et la jeta. Cet instrument de musique fut ensuite sorti de l'eau par Marsyas, celui qui a osé défier Apollon dans un concours de musique et finit par être écorché.

Comme nous l'avons mentionné, Athéna était aussi la déesse du tissage et, comme pour Marsyas avec Apollon, une mortelle nommée Arachné osa la défier dans ce domaine et fut punie directement par la déesse. Arachné, célèbre pour son talent de tisserande et de brodeuse, était une fille talentueuse, mais pleine de fierté. Ses toiles étaient considérées comme un cadeau du ciel, mais elle était en fait imprudente et prétendait être si douée que même la déesse Athéna ne serait pas en mesure de rivaliser avec elle.

Après ces déclarations, Arachné eut également l'audace de défier la déesse dans un concours public. Athéna, en apprenant la nouvelle, fut submergée par la colère et se présenta à la fille sous l'apparence d'une vieille femme, lui suggérant de se retirer du défi et de se contenter d'être la meilleure tisserande du royaume mortel. Cependant, Arachné ne fut pas intimidée par les paroles de la vieille femme et répondit que si la déesse n'acceptait pas le défi, ça signifierait qu'elle n'avait pas le courage de rivaliser avec elle. À ce moment-là, Athéna se révéla et déclara que le défi pouvait commencer.

Positionnées l'une en face de l'autre, les deux commencèrent à tisser leurs toiles : Athéna décida de représenter ses grands exploits, tandis qu'Arachné fit une merveilleuse tapisserie qui représentait des scènes osées concernant tous les dieux. La déesse elle-même, face à un tel chef-d'œuvre, dû admettre que le travail de sa rivale était inégalé : les personnages étaient si bien représentés qu'ils semblaient sauter hors de la toile. Certains récits disent que dans les scènes de sexe, Arachné représentait également Athéna, bien qu'elle soit une déesse vierge.

Quoi qu'il en soit, Athéna ne pouvait tolérer la défaite évidente et brisa en mille morceaux la toile d'Arachné, qui, pour échapper à la colère de la déesse, essaya de se pendre à un arbre en utilisant le même fil qu'elle avait utilisé pour créer la tapisserie. Athéna, pensant qu'il s'agissait d'une punition trop légère, décida de condamner la jeune fille à tisser pour l'éternité et à se balancer du même arbre à partir duquel elle avait tenté de se suicider. Arachné fut transformée en araignée et sa condamnation était de tisser, en utilisant sa bouche, sa toile tous les jours et de la défaire tous les soirs, tout comme le font les araignées. Tout cela pour la damner pour l'éternité et pour lui permettre de se sauver en escaladant la corde qui la tuait. Même aujourd'hui, chaque fois que vous voyez une araignée occupée à tisser sa toile, on pense au triste destin de la tisserande qui a osé être plus habile qu'une déesse.

Athéna était la déesse de beaucoup de choses, mais pas de la métallurgie. Ne pouvant pas fabriquer d'armes, elle utilisa celles que son père Zeus lui prêta jusqu'au jour où, sur les conseils de Poséidon, elle se rendit chez Héphaïstos, le forgeron des dieux. La relation avec son oncle n'a jamais été la meilleure, probablement parce que Poséidon avait été rejeté par sa nièce : comme première honte, il lui a conseillé d'aller chez Héphaïstos pour faire fabriquer des armes divines et a dit au forgeron qu'Athéna paierait en nature. Alors Héphaïstos, comme convenu, construisit les armes à la déesse, et pensant qu'il devait être payé en nature, comme nous l'avons raconté dans le chapitre qui lui est dédié, au moment où il était sur le point de conclure l'acte, Athéna disparu par magie. Ainsi Héphaïstos féconda la Terre Mère, Gaïa.

Un autre différend mettant en opposition Poséidon et Athéna concerne la domination de la ville qui aurait dû s'appeler Poséidonie ou Athènes. Pour éviter des effusions de sang inutiles, une compétition fut organisée entre les deux divinités, qui devaient présenter un cadeau à la population. Celui qui aurait offert le meilleur cadeau le meilleur gagne le droit de patronage de la ville. Afin de donner à son peuple de la subsistance, du bois et même du commerce, Athéna donna donc de l'olivier. Poséidon aurait offert à son tour une source d'eau saumâtre qui reliait la ville au port. C'était une l'eau imbuvable, et selon une autre version il aurait donné un grand cheval de guerre. Selon la première version, Athéna gagna parce que tout le monde préférait une triple source de richesse. Dans la deuxième version, tous les hommes préfèrent le don de Poséidon, tandis que les femmes préféraient le don d'Athéna. Suite à un vote, la déesse gagna dans ce cas aussi, car la population féminine était légèrement plus nombreuse que la population masculine. La ville prit donc le nom d'Athènes. Le dieu Poséidon, plein de ressentiment, décida de l'inonder, et détruisit le peu qu'il avait été construit. À partir de ce moment, les femmes furent privées du droit de vote, pour ne plus déclencher la colère du dieu de la mer.

POSÉIDON

POSÉIDON

Poséidon est le fils de Cronos et Rhéa ; les deux titans qui ont donné naissance aux six premiers Olympiens. Il était le *dieu des mers* ; né avant Hadès, il est considéré comme le frère du milieu entre Zeus et le dieu des enfers.

Le dieu des mers est décrit comme une grande figure, puissante et musclée : il était légèrement plus petit que Zeus et avait d'épais cheveux noirs et une barbe. L'apparence devait ressembler à celle d'un vieux loup de mer endurci par la vie marine et l'air saumâtre. Poséidon est souvent représenté à l'intérieur de son char tiré par quatre *hippocampes* ; des créatures à mi-chemin entre les chevaux et les poissons. La nature inconstante du dieu suit celle de la mer : il sait être extrêmement bon quand les sacrifices nécessaires sont faits et quand on le prie, et il donne aux marins une mer tranquille et des pêches substantielles pour les pêcheurs. Il sait aussi être très mauvais lorsqu'on l'offense. Poséidon était l'auteur d'inondations et de raz de marée, pouvant déchirer les navires en morceaux et tuer les marins à son entière discrétion. Précisément à cause de cette particularité, il était connu comme *un secoueur de la terre* et on lui avait confié la gestion des vents avant Éole.

Le niveau maximum de sa colère est évident lors des événements qui arrivent à Ulysse, qui ne sacrifiera rien avant son départ de Troie en l'honneur de Poséidon et aveuglera également

Polyphème, un fils du dieu. Cependant, le bon côté de Poséidon était très apprécié : il était le dieu des voyageurs de la mer et de nombreuses villes en Grèce l'adoraient comme patron.

Contrairement à Hadès, mais comme son frère Zeus, Poséidon était aussi un Don Juan qui eut beaucoup d'enfants. La femme légitime de Poséidon était la nymphe de mer Amphitrite qui, au début, était réticente à l'épouser, mais fut été convaincue par Dauphin, leur conseiller. Amphitrite était une épouse fidèle et, contrairement à ses belles-sœurs Perséphone et Héra, elle n'a jamais été trop vindicative envers les maîtresses de son mari. Les origines de l'épouse du dieu de la mer remontent aux Néréides, les nymphes de la mer : de belles filles définies comme des divinités mineures, comme supérieures aux hommes d'un point de vue hiérarchique, mais, en même temps, inférieures aux dieux.

Les nymphes vivaient au milieu de la nature et étaient élégantes, vêtues de longues tuniques aériennes. Il y en avait de différents types selon le contexte dans lequel elles vivaient : les Néréides étaient les nymphes de la mer, les Naïades celles des eaux de source, les Potamides étaient les nymphes des rivières, les Limniades les nymphes des lacs, les Oréades étaient celles des montagnes et des grottes, les Hyades et les Pléiades étaient les nymphes des étoiles, les Dryades celles des forêts et, enfin, les Hamadryades étaient les nymphes des arbres. Passionnées de danse et de musique, elles aimaient improviser des jeux entremêlant des histoires d'amour avec les dieux, avec les dieux des bois et même avec les mortels.

Amphitrite et Thétis étaient les Néréides les plus célèbres. Filles de Doris et de Nérée, appelé aussi *le vieil homme de la mer*, les nymphes de mer vivaient au fond de la mer ou dans des grottes d'or brillantes, elles aimaient jouer avec les vagues, mais remontaient souvent à la surface pour aider les marins et les voyageurs, chevauchant des dauphins ou d'autres créatures marines. Les Néréides faisaient partie de la cour de Poséidon qui, un jour, remarquant la beauté d'Amphitrite, s'approcha d'elle et lui demanda de l'épouser. La jeune fille timide, peu habituée aux voies abruptes du dieu de la mer, s'enfuit et nagea jusqu'à ce qu'elle atteignît les frontières occidentales, où se trouvait Atlas.

Sans se décourager, le dieu de la mer envoya un dauphin pour convaincre Amphitrite. Il la retrouva dans une grotte et la ramena à Poséidon pour le mariage. En récompense de sa précieuse aide, le dieu plaça l'image du dauphin parmi les étoiles, faisant de Dauphin une petite constellation nordique, près de l'équateur.

De cette union naquit Triton, mi-humain et mi-poisson ainsi que Roda, une nymphe de mer comme sa mère et Benthésicymé, une divinité des vagues et Cymopolée, la déesse des tempêtes marines. D'autres fils importants de Poséidon comprennent Thésée le roi d'Athènes, Orion le chasseur, Polyphème le Cyclope, le cheval ailé Pégase et le demi-dieu Chrysaor. Ces deux derniers sont nés de la tête coupée de Méduse. Comme nous l'avons mentionné, Amphitrite était une épouse patiente et fidèle, mais envers la belle nymphe Scylla, elle se montra jalouse et vengeresse. Fille d'Hécate et de Phorcos, Scylla était l'une des nombreuses amoureuses de Poséidon. Lorsque Amphitrite s'en est rendit compte, elle demandé conseil à la sorcière Circé, qui lui a donné des herbes magiques à diluer dans les eaux dans lesquelles la nymphe nageait. Dès que Scylla plongea, elle fut transformée en un monstre à douze pieds et six têtes. Pour se cacher, elle prit possession d'une grotte sur la côte calabraise, près du détroit de Messine. On dit que devant cette grotte, sur la côte sicilienne, cependant, il y avait une autre grotte abritant Charybde, fille de Poséidon et Gaïa. Les navires, pour traverser le détroit, devaient donc éviter de tomber dans le vortex causé par cette dernière qui avalait et rejetait la mer, puis, immédiatement après ne pas mourir dévoré par Scylla.

ARTÉMIS

ARTÉMIS

Les circonstances de la naissance d'Artémis et de son frère jumeau Apollon sont singulières. Leurs parents sont Zeus et Léto, fille de Céos et Phébé, deux titans très importants puisqu'ils représentent respectivement la nuit noire et la lumière qui pénètre dans les ténèbres. La grossesse est le résultat d'une des nombreuses escapades de Zeus qui fut découverte par sa femme Héra, qui comme d'habitude, décida de déchaîner sa colère contre Léto. La punition concernait précisément le moment de l'accouchement : le monstrueux serpent Python avait été chargé par Héra de persécuter la femme qui, maudite, ne pouvait pas accoucher sur la terre ferme. On parlait d'une terre *ferme* et, heureusement, dans le monde grec, il y avait une île ambulante, celle de Délos. Là, Leto a trouvé refuge et a réussi à donner naissance à la petite Artémis qui, dès sa naissance, a aidé sa mère à donner naissance à son frère Apollon.

Le mythe raconte qu'Artémis, encore enfant, fit des demandes précises à son père Zeus : elle avait en fait des idées très claires sur qui elle voulait être. Tout d'abord, elle ne voulait pas être deuxième après son frère, qui avait déjà recueilli de nombreux noms à un âge précoce ; par conséquent, elle a demandé à son père de ne jamais avoir moins de patrónages qu'Apollon. Elle demanda à devenir une déesse du tir à l'arc tout comme son jumeau et d'une compétence égale, et serait capable de causer des crises cardiaques aux femmes tout comme Apollon. Artémis demanda d'apporter la lumière comme le faisait son frère : il portait le char du soleil et, puisque le char de la lune dans la mythologie grecque n'existe pas, on se souviendra d'elle comme de *la déesse du croissant de lune*, parce que l'arc qu'elle tenait rappelait sa forme.

Artémis devint également *déesse de la chasse* et demanda à son père d'habiter toutes les montagnes et toutes les villes. L'arme qui l'accompagne dans ses aventures sera un arc en argent, elle portera une tunique cramoisie et enfin, elle aura le don de toujours rester vierge.

La déesse est vierge, mais a probablement connu l'amour plusieurs fois dans la vie : en plus des enchevêtrements passionnés avec ses servantes, Artémis tomba follement amoureuse d'Orion, son compagnon de chasse. C'était un jeune géant, chasseur aux yeux célestes, fils de Poséidon et d'Euryale, cette dernière fille de Minos, roi de Crète. On dit qu'Orion eu une vie orageuse, pleine d'amours et d'entreprises de chasse. L'histoire la plus connue est celle avec la déesse de l'aube, Éos, qui rougit chaque jour en se souvenant de cet épisode. Plus tard, Orion devint le compagnon de chasse d'Artémis qui, malgré sa virginité, voulait l'épouser à tout prix. Sa chute amoureuse déclencha la jalousie de son frère Apollon, qui ne voulait pas que son jumeau épouse le géant. Il essaya d'empêcher cette union par tous les moyens possibles, et lorsqu' il se rendit compte que ses tentatives étaient vaines, il concocta un plan.

Un jour, Apollon voit Orion descendre en mer pour s'entraîner à la natation. Il attendit qu'il s'éloignât vers l'horizon, jusqu'à ce qu'il devienne un petit point visible. À ce moment-là, Artémis arriva et, conversant avec elle, son frère fit semblant de remettre en question son habileté avec l'arc. Il la mit au défi de frapper ce point noir qu'Apollon comme cible. Artémis, bien sûr, n'a pas manqué la cible, et lorsque le courant marin apporta le corps sans vie d'Orion à terre, désespérée, elle pleura toutes les larmes de son corps. Zeus impitoyable, décida donc de transformer Orion en une constellation, la plus brillante et la plus connue qui rappelle un chasseur qui manie son arc, prêt à tirer une flèche. Une autre version du mythe d'Orion raconte qu'Artémis le fit tuer elle-même par un scorpion, parce qu'elle était outrée par sa fuite avec les Pléiades, sept sœurs dont il était tombé amoureux. Le Scorpion fut transformé en constellation pour le service rendu à Artémis, et le même sort était également reservé à Orion et aux Pléiades.

Un autre mythe lié aux amours d'Artémis est celui d'Otos et Éphialtès, jumeaux qui devaient être de courte durée. Aloée était leur père, mais leur mère Iphimédie dit qu'elle était tombée enceinte du dieu Poséidon. Follement amoureuse du dieu, elle allait à la mer tous les jours pour jeter de l'eau dans sa poitrine, jusqu'à ce que Poséidon donne naissance aux jumeaux avec elle. Otos et Éphialtès étaient les plus beaux garçons après le chasseur Orion. La Terre les avait nourris pour qu'ils deviennent des géants. À neuf ans seulement, ils mesuraient déjà dix-huit mètres !

Les deux étant respectivement les plus grands soupirants d'Artémis et d'Héra, tentèrent de gravir le ciel en formant un énorme monticule de montagnes pour atteindre l'Olympe et kid-napper les deux déesses. Les Aloadês - comme on appelait les deux géants – échouèrent dans leur entreprise et, ainsi, commencèrent à causer du tort aux dieux. L'un des faits les connus concerne Arès, le dieu de la guerre, qui fut enfermé pendant treize mois dans un grand vase en bronze. Sans la belle-mère des jumeaux qui révéla à Hermès l'endroit où Arès était enfermé, le dieu serait resté enfermé là-dedans à jamais.

Artémis, fatiguée de cette persécution, décida de mettre fin aux pièges des Aloadês et élabora un plan pour qu'ils s'entretuent. Il semblait en effet, que ce n'était qu'ainsi qu'ils pourraient mettre fin à leurs vies. Un jour, les deux frères chassaient dans les bois de l'île de Naxos et la déesse sous la forme d'un cerf courut à leur rencontre. Otos et Éphialtès essayèrent de la renverser avec des lances, mais Artémis, qui était habile, réussit à s'échapper et s'assura que les deux s'entrechoquent mortellement. C'est ainsi qu'ils se retrouvèrent dans les Enfers, où ils furent attachés à une colonne, le dos tourné l'un contre l'autre.

Le dernier mythe que nous raconterons ici concerne à la fois Artémis et son jumeau Apollon. Les deux, afin de protéger leur mère, n'ont jamais regardé personne en face. À une époque lointaine où il n'y avait pas de distinction claire entre les dieux et les hommes, Artémis et Niobé avaient été de grands amis, mais sont rapidement devenus de grands ennemis. Leur rivalité est causée par l'envie de Niobé qui revendiquait les honneurs divins, car, ayant eu sept fils et sept belles filles, contrairement à son ami Léto qui n'avait eu que les jumeaux Apollon et Artémis, elle se considérait plus féconde et plus digne qu'elle. Cette histoire ne plut pas du tout aux jumeaux de Léto, qui voulaient la punir pour l'indignation portée à leur mère.

Leur punition se matérialisa lors d'un voyage de chasse qui visa les fils de Niobé. Apollon avec son arc doré visa les sept à la tête et les fit tomber au sol, morts. Malgré la douloureuse perte, Niobé ne perdit pas courage parce qu'il lui restait encore ses autres filles et elle continua à se vanter dans l'Olympe. À ce moment-là, Artémis se vengea et, avec son arc en argent, tua ses sept filles.

Face aux quatorze cadavres de ses enfants, Niobé se rendit et, désespérée, pleura toutes ses larmes jusqu'à ce que Zeus soit empêché de la transformer en rocher. C'est exactement ce qui arriva : après une longue période d'errance, Niobé à Lydia et c'est là que la transformation a eu lieu. Même maintenant, cette pierre qui préserve sa forme, continue à faire couler des gouttes d'eau.

APOLLON

APOLLON

Frère jumeau d'Artémis, Apollon est le *dieu qui porte le char du soleil*, mais aussi le dieu de la musique, des arts, des oracles et de la médecine. Partant des origines étymologiques et anthropologiques, Apollon est l'un des plus anciens dieux jamais créés et présente plusieurs similitudes avec les divinités minoennes et étrusques (par exemple, Apulu était un dieu vénéré par les Étrusques) : c'est la raison pour laquelle dans la mythologie romaine Apollon ne change pas de nom.

Initialement, Apollon devait être lié au concept d'élevage de bétail, ainsi qu'aux voyages et aux colons, caractéristiques que le dieu maintient au fil des ans et qui le relient à Poséidon.

Certaines théories stipulent qu'Apollon et Poséidon étaient la même divinité et devinrent distincts et séparés plus tard.

Apollon est le fils de Zeus et de Léto, comme on l'a mentionné précédemment ; elle tomba enceinte à la suite d'une escapade avec le père des dieux. Elle fut condamnée par Héra à ne jamais pouvoir accoucher sur la terre ferme. Léto trouva un escamotage sur l'île ambulante de Délos qui était le corps flottant de sa sœur.

L'affrontement avec le monstrueux serpent Python qui a persécuté Léto est l'histoire la plus célèbre liée à Apollon : armé d'un arc d'or et de flèches d'argent – il était aussi le saint patron des archers – le dieu massacre le serpent et s'approprie la grotte dans laquelle il s'est réfugié, ne sachant pas que la grotte était le siège de l'oracle protégé par Gaïa. Comme nous le savons bien, il ne faut pas grand-chose pour déclencher la colère de la Terre Mère qui, en provoquant des tremblements de terre, menacera Zeus d'enfermer son fils dans le Tartare pour l'éternité. Il aurait sinon déclenché un pandémonium. Le père des dieux à résoudre la situation en exilant Apollon pendant neuf ans ; une période de temps au cours de laquelle le fils il dût servir le mortel Admète.

Dès sa naissance, Apollon passa donc neuf ans en exil et alla se purifier sur le mont Olympe. Il est forcé de présider une série de jeux en l'honneur de Python. Plus tard, Athéna l'aidera à prendre possession de la grotte qui avait déchaîné la fureur de Gaïa et cet endroit devint l'oracle d'Apollon.

Comme nous l'avons mentionné au début du chapitre, Apollon est aussi le dieu des prophéties. Fils préféré de Zeus, il avait accès à son esprit omniscient, mais c'est l'appropriation de l'oracle de Gaïa qui fait de lui le saint patron des oracles. La figure divine d'Apollon sera achevée plus tard lorsqu'il reçut sa première lyre. Dès l'acquisition de cet instrument de musique, il défiera Pan dans une compétition dont il sortira victorieux, obtenant le titre de dieu de la musique. Acquérant le patronage sur la musique, Apollon ira au mont Parnasse, la maison des neuf muses, et ne sachant pas comment choisir entre tant de beauté, restera célibataire à vie. Béni parmi les muses il aura néanmoins de nombreux enfants, y compris Orphée. C'est précisément de cette manière qu'il deviendra aussi le mécène des arts et, en particulier, de la poésie.

En ce qui concerne l'apparence physique, Apollon s'appelle *Phébus Apollon*, un adjectif qui, dans la langue latin, signifie brillant, lumineux. Il ne devint jamais puissant, son corps est mince et à la limite de la féminité. Son essence de garçon plutôt que celle d'un homme indique sa proximité avec la jeunesse et, en fait, il est le dieu qui prend soin de grandir et d'instruire les jeunes héros.

Il n'est pas possible de parler d'Apollon sans mentionner ses grands amours, qui se terminaient tragiquement, tant pour les liens avec enfants ou filles. En plus du roi Admète, il était également lié à Hyacinthe avec qui il jouait au lancer du disque. Un jour, le dieu frappa par erreur la bien-aimée avec le disque de pierre. Une jacinthe bleue germa du sang de l'amant accidentellement tué. Parmi les enfants aimés par Apollon, nous trouvons pareillement Cyparisse, un garçon qui avait involontairement tué l'être qu'il aimait le plus, tout comme cela est arrivé au dieu. Tous les beaux enfants semblent être des répliques d'Apollon lui-même. L'être bien-aimé dont nous parlons ici était un cerf, un animal sacré pour Apollon et Artémis. Il avait de fortes cornes dorées, et portait un ornement en argent sur le front. Un jour, l'animal se reposait à l'ombre et le chasseur Cyparisse, ne le reconnaissant pas, le confondit avec un cerf ordinaire. Il le frappa de sa lance, et quand il réalisa qu'il avait frappé son compagnon bien-aimé, il voulut mourir ou le pleurer pour l'éternité. Le seul remède qu'Apollon pouvait lui fournir était de le transformer en un arbre triste, le cyprès, un arbre à feuilles persistantes dans lequel Cyparisse vivra pour toujours.

Quant aux filles aimées par Apollon, en plus des neuf muses, il faut également mentionner une rivale : le premier amour du dieu était pour Daphné, fille du dieu de la rivière, Pénée et Gaïa. Daphné, dont le nom signifie laurier ou laurier, était une jeune femme sauvage, très semblable à Artémis, mais qui ne correspondait pas à l'amour d'Apollon. Fuyant le dieu, rapide et gracieuse comme le vent, Daphné chercha refuge et salut auprès de ses parents : « Aide-moi, père, si tu as un quelconque pouvoir, dissout mes traits pour lesquels on m'aime ». Ainsi, ses jambes devinrent lourdes, ses cheveux se sont étirés en frondes, son corps s'est élevé vers le haut et des feuilles de laurier ont commencé à germer de ses mains. Même sous ces déguisements, le dieu la reconnut et, serrant ses branches dans ses bras comme s'il s'agissait d'un corps, lui murmura : « Si tu ne peux pas être mon épouse, tu seras au moins ma plante. Et mes cheveux, mon arc et mes flèches seront toujours ornés de toi. Le laurier, à ce moment-là, hocha la tête avec ses branches fraîchement germées et agita le sommet ».

Devant Apollon, Daphné se transforma en laurier, l'arbre préféré du dieu qui a promis de ne jamais abandonner et qui, depuis lors, porta ses branches sur sa tête comme une couronne. Malgré le fait que sa bien-aimée ait complètement perdu son apparence humaine, Apollon continua à l'aimer et la gardera pour toujours avec lui, sur sa tête. Daphné, qui malgré sa nouvelle identité continue à dédaigner les offrandes amoureuses d'Apollon, montre qu'elle accepte cette promesse et donne un signe d'assentiment en faisant balancer le sommet. Le mythe veut nous parler de l'inexistence de frontières définies entre les différentes formes de vie : l'une passe dans l'autre de manière facile, dans une transformation continue qui unit tous les êtres de la création.

Un autre amour d'Apollon est l'océan Clymène, avec qui il a eu un fils, Phaéton. Les amis de Phaéton à le taquiner et à se moquer de lui parce que le jeune homme prétendait être le fils du suprême Apollon et qu'ils ne le croyaient pas. Mortifié, Phaéton supplia son père de lui laisser porter le char du soleil, une tâche qui incombait à Apollon, afin qu'il puisse prouver ses origines. Son père essaya par tous les moyens de le dissuader, soulignant les dangers de l'entreprise et affirmant que les chevaux étaient trop turbulents pour lui. Phaéton insista tellement qu'à la fin, il convainquit son père et partit avec le char. Une fois sur le char, le jeune homme eut peur quand il vit le vide sous ses pieds et les chevaux. Ne sentant pas dans les rênes une main autoritaire, les chevaux commencèrent à courir sauvagement, bouleversant l'ordre cosmique et perturbant toutes les constellations. Comme il voulait le prouver, les chevaux étaient trop impétueux pour Phaéton qui ne pouvait pas les contrôler.

Le char hors de contrôle, s'approcha de la Terre et brûla montagnes et forêts, asséacha des rivières et détruisit des villes entières, puis s'éloigna et la Terre commença à geler. Zeus, pour une fois eu pitié des hommes. Pour les sauver, a jeté un éclair sur Phaéton, qui est mort et est tombé dans la rivière Éridan, l'actuel Pô. Alors que les chevaux retournaient à Apollon, les sœurs de Phaéton pleurèrent sa mort et Zeus, ému par cette forte douleur, les transforma en peupliers. Leurs larmes devinrent des gouttes d'ambre et, même aujourd'hui, ces arbres se trouvent le long des rives du Pô pour veiller sur ce jeune garçon pour toujours.

HADÈS

HADÈS

Comparé à ses frères Zeus et Poséidon, Hadès semble assez malheureux dans de nombreux domaines. Il suffit de penser aux circonstances de sa naissance : il est le premier fils de Cronos et Rhéa, il est donc l'aîné de la triade, mais, comme il a été le premier à être avalé, il sera le dernier à être rejeté par son père. Depuis lors, Hadès est devenu le plus jeune des frères et, à la suite de la Titanomachie qu'il gagna grâce à son casque d'invisibilité, les trois frères divisèrent le royaume et il reçut le royaume des enfers. Malgré la déception, Hadès accepta son nouveau rôle.

Le dieu des enfers était représenté comme un bel homme fort avec des cheveux noirs épais et un regard sévère. Dans certaines représentations, il est représenté avec le bident (à l'instar du trident) et est accompagné du chien à trois têtes Cerbère. L'idée que nous avons de lui pourrait être négative, influencée par le dessin animé Hercule. Hadès, bien que louche et sévère, régnera cependant avec fermeté sur le monde des Enfers, une terre qu'il ne quittera jamais. Il établira une malédiction qui fait que quiconque aurait mangé de la nourriture à cet endroit y est emprisonné à jamais.

Le mythe le plus célèbre qui le concerne est celui relatif à l'enlèvement de Perséphone. Ce nom dont la signification indique la souveraine des Enfers est la fille unique de Déméter. Le viol de

Perséphone est l'histoire de la fondation du royaume des morts, et serait inconcevable sans sa reine.

Hadès, amoureux de sa nièce Perséphone, l'enlève sur terre ; Zeus le lui aurait donné à l'insu de Déméter. La jeune fille jouait dans les prés et cueillait des fleurs avec les filles d'Océanos. Elle était sur le point d'attraper le narcisse que Gaïa, avec ruse, avait fait germer pour l'amour d'Hadès pour la tenter. Tous les dieux et les hommes ont été émerveillés par cette plante merveilleuse, d'où jaillissait une centaine de fleurs et qui enivrait le ciel, la terre et la mer avec son doux parfum. Stupéfaite, Perséphone tendit les mains vers cette fleur comme s'il s'agissait d'un trésor inestimable et, soudain, un gouffre s'ouvrit sur le champ. Le seigneur des Enfers surgit alors avec ses chevaux immortels, prit la jeune fille, réticente et effrayée, et l'enleva.

Ses cris étaient inutiles car entendus par personne d'autre que qu'Hélios et Hécate, la tendre fille de Persée. Déméter chercha en vain sa fille dans ses jardins pendant dix jours. Personne ne voulait lui dire la vérité. Plongée dans sa douleur, elle ne touchait ni ambroisie, ni nectar, et refusait de mouiller son corps avec de l'eau. Ce n'est que le troisième matin qu'elle rencontra Hécate qui lui donna la nouvelle : « Déméter, Notre-Dame, savez-vous qui a kidnappé Perséphone et troublé votre cœur si profondément ? J'ai entendu la voix, mais je n'ai pas vu le ravisseur ». Sans prononcer un mot, Déméter se déplaça avec Hécate vers Hélios, enquêteur des dieux et des hommes. La déesse lui posa des questions sur sa fille et le ravisseur. Hélios répondit : « Fille de Rhéa, Déméter, maintenant, tu vas l'apprendre. J'ai de la compassion pour votre chagrin pour la perte de la jeune fille : aucun autre des immortels n'en est coupable sauf Zeus, qui l'a donnée en mariage à son frère Hadès. Il l'a violemment kidnappée sur son char et l'a emmenée dans le royaume des ténèbres, indépendamment de ses pleurs désespérés. Mais toi, déesse, cesse de te plaindre, il est inutile de nourrir une telle colère. Hadès règne sur un tiers de l'univers depuis qu'il a été divisé ».

Accablée par le chagrin et aveuglée par la colère envers son frère Zeus, Déméter donna naissance à une gigantesque famine qui mit en danger les êtres humains. Les dons apportés par tous les dieux étaient inutiles : personne ne pouvait la convaincre à inverser sa décision. Déméter n'avait pas l'intention de retourner au palais de l'Olympe et la terre ne devait pas porter de fruits avant qu'elle ne puisse revoir sa fille. Ayant entendu cela, Zeus décida d'intervenir et envoya le messager Hermès dans les ténèbres des Enfers. Il voulait que sa parole persuade Hadès et ramène Perséphone à la lumière des dieux, pour mettre un terme à la colère de Déméter. Hermès alla chez Hadès et, sans trop d'effort, réussi à le convaincre. Hadès, obéissant à son frère, dit à son épouse : « Allez, Perséphone. Atteignez votre mère avec un cœur serein et ne soyez plus triste : je ne serai pas pour vous un mari indigne parmi les immortels. Vous régnez, même si vous êtes ici, sur tous les êtres vivants ; quiconque vous offense et ne présente pas un sacrifice digne de ce nom, connaîtra des châtiments éternels ».

Rassurée, Perséphone sauta sur ses pieds, prête à retourner chez sa mère, mais fut arrêtée par Hadès qui, sans être vue par Hermès, lui fit manger six graines de grenade. En montant sur le char tiré par Hermès, Perséphone rejoint sa mère qui l'attendait devant son temple. Celle-ci, voyant sa fille, sauta sur ses pieds et Perséphone, pour sa part, courut à sa rencontre. Alors qu'elles s'embrassaient, sa mère lui demanda si elle avait mangé de la nourriture dans le royaume des enfers. Elle savait très bien que dans ce cas elle devrait passer la moitié de chaque année sous la terre, et ne pourrait rester avec sa mère et les autres immortels que pendant la moitié restante. Perséphone lui raconta comment son mari l'avait forcée à manger six graines de grenade sans être vue par Hermès, et lui raconta également comment elle avait été kidnappée.

Ainsi, au cours des six mois où Perséphone avait été dans le royaume des morts, dans le monde la nature s'endormait et le froid tombait, donnant lieu à l'automne et à l'hiver ; tandis que dans les six mois restants, la terre fleurissait à nouveau, donnant lieu au printemps et à l'été.

Ainsi, Perséphone devint l'épouse d'Hadès, ainsi que la reine des enfers.

Parmi les nombreux serviteurs du dieu, il y avait Charon, le passeur qui portait les âmes des morts sur la rivière Achéron ; Cerbère, le monstrueux chien à trois têtes et gardien des portes des enfers ; les Moires, les tisserandes du destin ; et Hécate, la déesse de la magie et ancêtre des sorcières. Dans le monde souterrain, il y avait aussi deux anciens dieux qui représentaient la mort, Thanatos, et le sommeil, Hypnos.

Les âmes des morts étaient jugées par trois juges : Éaque, Minos et Rhadamanthe, qui avaient la tâche d'attribuer les morts à l'une des trois parties du monde souterrain. Le royaume des morts, en effet, était divisé en trois sections : les champs élyséens où allaient les âmes des héros, la prairie d'Asphodèle réservée à la plupart des âmes et, enfin, le Tartare dans lequel résidait le corps tourmenté du père d'Hadès, Cronos, avec les plus vils pécheurs, condamnés à être tourmentés pour l'éternité.

Hadès vivait une relation conflictuelle avec les héros et les demi-dieux : il aimait les tromper, bien qu'il soit un dieu neutre. Un mythe qui le concerne en ce sens est l'histoire d'Orphée et d'Eurydice, une histoire émouvante d'amour et de mort. Orphée, considéré comme le plus grand poète qui a vécu avant Homère, fascinait les êtres animés et inanimés par le son de sa lyre et la douceur de son chant et, au cours de ce mythe, il descendit dans l'Hadès avec l'espoir d'émouvoir les dieux et de récupérer sa défunte épouse Eurydice.

Installé à Piérie, Orphée épousa la belle nymphe Eurydice. De manière parallèle Aristée, celui qui enseignait aux hommes des préceptes agricoles très utiles, y compris l'apiculture, s'installa en Thrace. Ce dernier était follement amoureux d'Eurydice et la harcelait constamment avec ses propositions amoureuses. Un jour, pour échapper à Aristée, elle prit un chemin entre les champs, où elle fut mordue par un serpent venimeux caché dans l'herbe. Le chagrin de la mort inattendue de sa fiancée bien-aimée était immense. Orphée, désespéré, errait comme un fou dans les gorges de la Thrace montagneuse, rien ne pouvait l'apaiser. Ne pouvant plus vivre sans elle, il décida d'aller au royaume d'Hadès pour la chercher et là ses supplications frénétiques s'ajoutèrent à son chant funèbre plaintif : ses lamentations apitoyèrent les dieux des enfers. Cerbère n'aboya plus, Charon cessa de transporter les âmes, Tantale ne ressentait plus la soif ou la faim et tous les tourments furent suspendus. Hadès, pour la première fois, sentit dans son cœur glacé un sentiment de pitié et de compassion. Il accorda à Orphée la grâce de ramener l'épouse décédée dans la lumière du soleil, mais à une condition : sur le chemin, il n'aurait jamais dû détourner le regard pour regarder Eurydice.

Orphée, suivi de sa femme, atteignit presque la fin de la voie souterraine mais lorsqu'il commença à voir le halo qui mène à la lumière, il ne put plus retenir son amour et se retourna pour regarder son Eurydice. Dès que son regard se posa sur elle, elle pâlit et devint aussi transparente que l'ombre : « Quelle folie m'a rendue malheureuse et toi, Orphée ? Le destin me rappelle et le sommeil de la mort me ferme les yeux. Et maintenant adieu : je suis entraînée dans la nuit profonde, je ne suis plus à toi et je te tends mes mains inertes ». En un seul instant, Eurydice disparut dans le brouillard et la porte de l'Enfer se renferma après le passage d'Orphée.

De retour parmi les hommes, Orphée ne jouait plus de la lyre et ne chantait plus : il se mit à détester toutes les femmes et les traitait avec dédain. Les Ménades, offensées par son mépris, se jetèrent un jour sur lui et le déchirèrent en morceaux, jetant sa lyre et sa tête à la mer. Le courant marin les a transportés sur les rives de l'île des poètes, Lesbos.

Le mythe ne témoigne pas seulement la puissance de l'amour qui dépasse même les limites de la mort, présente une double signification : d'une part il met en évidence la vertu de la poésie, qui a le pouvoir de faire revivre même les êtres les plus insensibles, d'autre part il souligne l'impossibilité pour l'homme de réaliser ses idéaux, qui, souvent, disparaissent lorsqu'ils sont sur le point d'être atteints.

DIONYSOS

DIONYSOS

Dionysos est une divinité très ancienne, représentant l'essence vitale qui imprègne la création : une vie sauvage, libre d'impositions et de règles sociales. Un mythe lié à la longue séquence de morts et de résurrections de Dionysos, est celui de Zagreus qui aurait été le fils unique de Zeus et de Perséphone. En tant que fils bien-aimé de Zeus, il régnait sur le royaume de l'Olympe. Cette déclaration du père des dieux déclencha la colère d'Héra qui, jalouse comme d'habitude, aurait fait kidnapper l'enfant par des titans. Dans une tentative de s'échapper, il se transforma en taureau mais fut par la suite déchiré en morceaux, et dévoré par ses ravisseurs. Sur les ordres de Zeus, Athéna réussit à récupérer le cœur de Zagreus avant qu'il ne soit mangé, tandis qu'Apollon incinérait les Titans. De leurs cendres, ou plutôt de leur fumée, la race humaine est née. Ayant récupéré le cœur de son fils, le père des dieux l'avala et peu de temps après donna naissance de sa cuisse à une divinité dans laquelle il continuerait à vivre pour l'éternité : Dionysos.

Selon le mythe canonique, Sémélé serait la véritable mère mortelle de Dionysos : elle, princesse de Thèbes, était une maîtresse habituelle de Zeus. Les deux se rencontreront plusieurs fois sans que le dieu ne révèle sa véritable identité jusqu'à ce que, sous l'indignation de la cour, Sémélé tomba enceinte. Les trois sœurs de la jeune fille commencèrent à l'insulter, l'accusant d'être enceinte d'un amant qui ne l'aimait pas assez pour révéler son vrai visage. Enfin, la nourrice âgée de Sémélé la poussa à prendre une décision : elle fait promettre à son amant de se révéler à tout prix. La vieille femme n'était plus son authentique nourrice mais Héra, déguisée, qui avait découvert une autre trahison de son mari.

Ici la version du mythe bifurque : selon certains, Zeus aurait couché encore une fois avec Sémélé qui lui demanda avec insistance de se montrer. Zeus se révélerait avec sa véritable apparence divine, insupportable pour les mortels ordinaires et ce qui aurait détruit la jeune fille. Selon une autre version, Sémélé aurait arraché une promesse de Zeus : il ferait tout ce que la fille lui demanderait. Imprudemment, elle lui demanda de se révéler et Zeus a été forcé de le faire, pulvérisant Sémélé une fois de plus. Le plan d'Héra, par conséquent, a réussi et, peut-être, le fils de Zeus, encore dans son ventre, aurait également dû mourir. À ce stade, Gaïa intervient et enveloppa son arrière-petit-fils dans un tas de branches de lierre qui l'abritaient de l'excès de divinité de Zeus.

En apprenant l'existence de son fils, Zeus cousu dans sa cuisse jusqu'au moment de la naissance. À ce moment-là, après les neuf mois de gestation, Zeus le sortit de sa cuisse. Il le confia à Hermès pour l'emmener chez les nymphes qui devaient l'élever et le nourrir. L'enfant reçut le nom de Dionysos, un nom qui a plus de significations selon l'interprétation qui lui doit être attribuée : « le jeune homme de Zeus », expression qui signifie le plus jeune fils du dieu, ou encore « le garçon des deux portes », c'est-à-dire né deux fois. Un autre surnom de Dionysos est « né trois fois », *trigonos*. Zeus, après avoir mangé le cœur de Zagreus et acquis son essence, aurait conçu avec Sémélé un enfant : par conséquent, Zagreus serait né d'abord de Perséphone, puis serait mort, se serait réimplanté dans l'utérus de Sémélé sous une nouvelle apparence, mourut à nouveau parce que la grossesse se termina à mi-chemin et renaît à nouveau de la cuisse de Zeus.

De toute façon, Hermès fut chargé d'amener le petit Dionysos aux nymphes qui l'élèveraient : les Hyades. Peut-être demi-sœurs des Pléiades, elles étaient de bonnes créatures avec une âme si gentille que Zeus pour les récompenser les transforma en une nouvelle constellation du firmament. Quand il grandit, l'éducation de Dionysos était également suivie par le fils d'Hermès, Silène : un vieil homme jovial, sage et raisonnable, qui ne l'abandonnera jamais. Le dieu se passionna bientôt pour la chasse et aimait se promener dans les bois et à la campagne. Un jour il découvrit un plant de vigne et pressant la grappe de raisin dans une coupe dorée, il fit sortir une liqueur pourpre : le vin, sa plus belle découverte. Une fois goûté, le nectar donnait l'impression de nous faire oublier la fatigue et les soucis du quotidien, et donnait un léger sentiment d'euphorie et d'ivresse. À partir de ce jour, de nombreuses fêtes à base de vin prit vie et cet état de doux délire devint une règle tacite qui faisait partie du culte de Dionysos.

Le dieu est représenté comme un jeune homme avec des traits féminins et un visage pensif, une couronne de lierre entourant ses boucles et une peau de chevreuil sur ses hanches.

DÉMÉTER

DÉMÉTER

Déméter, fille de Cronos et de Rhéa, est la déesse de l'agriculture, de l'abondance et c'est l'une des divinités les plus vénérées en tant que *créatrice du cycle des saisons*. Comme tous les paysans, elle avait un caractère simple, portait des vêtements humbles et sa morale était impeccable. Elle était vénérée comme une mère gentille et affectueuse. Les céréales et les brins étaient les produits agricoles qu'elle considérait comme les plus importants – en effet, ces deux aliments permettaient aux hommes de s'élever au-dessus du statut des autres animaux – et son culte était répandu en Béotie, en Thessalie, à Corinthe et dans tout le Péloponnèse. Elle donna aux hommes la connaissance des techniques agricoles telles que le labour, le semis et la récolte.

Déméter eu une fille de Zeus, Perséphone, qui comme largement raconté précédemment, a été enlevée par Hadès et a donné naissance aux saisons telles que nous les connaissons. De l'histoire, nous pouvons comprendre la joie et la douleur d'une mère qui, d'une part, aurait voulu sa fille pour elle-même et, d'autre part, aurait compris qu'il valait mieux l'avoir pendant seulement six mois que de ne plus jamais la revoir.

La déesse de l'agriculture et de la terre était représentée comme une matrone majestueuse, mais en même temps sévère, belle et affable, avec une couronne d'épis entourant sa tête, portant une torche dans une main et un panier de fruits dans l'autre.

HESTIA

HESTIA

Hestia est la première fille de Cronos et Rhéa. C'est la première olympienne qui a été dévorée par son père. Suivirent Déméter, Héra, Hadès, Poséidon, puis comme on le sait, Zeus n'a pas été avalé et fut remplacé par un rocher emmailloté. Lorsque Zeus fit vomir son père, elle fut la dernière à sortir de l'estomac, peut-être pour prendre soin de ses jeunes frères jusqu'à la fin. Par conséquent, Hestia s'est vu confier deux épithètes très particulières : la plus âgée et en même temps la plus jeune parmi les olympiens. Cette déesse représente la partie liée à la lumière et à la chaleur, en particulier au feu sacré, garant de la paix et de la prospérité dans les villes ; de même, elle était la garantie de l'harmonie dans l'Olympe.

Il y a peu de mentions mythologiques concernant Hestia. Elle est l'une des premières déesses vierges et de plus jura sur la tête de son frère Zeus qu'elle resterait pure pour toujours, ignorant les propositions d'amour de Poséidon et d'Apollon. Zeus, ému ou effrayé par le serment, décida de la récompenser en lui réservant une place d'honneur parmi les douze olympiens. En tant que première et dernière-née, il lui accorda la première partie de chaque repas et de chaque sacrifice. Ainsi, la première bouchée de chaque banquet et la première partie de chaque sacrifice devaient être consacrées à Hestia, en les jetant dans le feu domestique.

Cependant, Hestia n'est pas restée longtemps olympienne : à la naissance de Dionysos, qui devenait de plus en plus dangereux pour la vie humaine sur terre, la déesse décida d'abandonner le siège pour la paix, permettant à ce dernier de devenir l'un des douze olympiens.

Un épisode qui concerne sa virginité est le mythe qui la voit protagoniste avec Priape, fils d'Aphrodite et célèbre pour être doté d'un membre énorme ; l'histoire se déroule à la suite d'une fête et raconte qu'Hestia, téméraire, s'était endormie dans un pré. Priape, le voyant et ne pouvant pas se retenir, a essayé de la harceler et il aurait réussi s'il n'y avait pas eu un âne qui, témoin de la scène, a commencé à braire très fort jusqu'à réveiller la déesse. Après avoir compris la situation, elle battu Priape au sang, aidée par les autres olympiens. Cette histoire, en réalité, a une signification métaphorique. Il était autrefois d'usage d'abuser des femmes lorsqu'elles étaient invitées, en exploitant le droit d'hospitalité. L'histoire enseigne que cela ne devrait pas être fait, en particulier parce que la femme et l'hospitalité sont sacrées.

Un aspect intéressant d'Hestia est son apparence physique inconnue ; en effet, elle était représentée comme une flamme ou comme un cercle, symbole du brasier.

HERMÈS

HERMÈS

Aux antipodes d'Hestia, il y a Hermès : les deux sont les protecteurs de la maison, mais la première est immobile, tandis que l'autre est toujours en mouvement. Ce n'est pas pour rien qu'il est appelé *le messager des dieux*, à l'entrée de la maison, il avait coutume de placer un Hermès[1] dédié au dieu, pour protéger la demeure des mauvais esprits, et on laissait le feu allumé pour la purifier et la bénir.

Né de la relation clandestine entre Zeus et la pléiade Maïa, Hermès est né dans une grotte sur le mont Cyllène. Au cours de son premier jour de vie, Maïa l'emmaillota et l'a endormi, mais Hermès, qui était déjà rapide en tout, grandit très vite : au cours de la nuit, il devint un enfant très hyperactif et se faufila hors de la grotte pour commettre ses premiers méfaits.

Le premier acte qu'il fut était de tuer sauvagement une tortue et de fabriquer, avec ses restes, la toute première lyre. Plus tard, le petit garçon rencontra un troupeau de vaches, animaux sacrés pour Apollon. Il décida de les voler et les fit marcher sur leurs

---

1. C'est une statue en forme de grand pylône surmonté de la tête d'Hermès et avec une rondeur sphérique à la base, un objet très semblable à une sorte de phallus.

propres empreintes afin de donner l'impression qu'elles avaient disparu dans les airs. À son retour, Apollon se rendit compte que ses bêtes avaient disparu et en peu de temps, il découvrit qu'Hermès avait été l'auteur du crime. Il alla alors à la grotte sur le mont Cyllène, mais Maïa prit le parti de son fils, disant qu'il n'avait pas bougé de cet endroit. À ce moment-là, son père Zeus intervint et reconnu l'erreur d'Hermès, mais demandé à Apollon de le pardonner, car il n'était né que vingt-quatre heures avant. À contrecœur, Apollon le pardonna et il reçut la célèbre lyre en cadeau de son frère cadet. Pour cette raison, Hermès devint le protecteur des musiciens.

Depuis lors, Hermès devint une partie des rangs des Olympiens : il était l'avant-dernier dieu à entrer dans ce cercle. Hermès était à l'origine représenté comme un vieil homme barbu pour représenter la puissance sexuelle masculine. Dans les cultes les plus modernes, Hermès devient un jeune homme athlétique au visage effronté, vêtu d'un sac de voyage, d'un chapeau ailé et d'un bâton de voyageur autour duquel s'enroulent deux serpents, le caducée. Sa tâche principale est d'être le messager des dieux : il est également appelé Hermès Angélos et, grâce à sa fonction, peut atteindre les régions les plus reculées du monde.

La capacité d'aller n'importe où à volonté l'aidera dans sa tâche de psychopompe ; c'est-à-dire celui qui accompagne les âmes des morts dans le voyage vers le monde souterrain. Entre autres, il peut entrer et sortir des enfers à volonté. Il est également oniropompe, ou chef d'orchestre des rêves ; une fonction qui le lie encore plus au royaume des morts. Ces caractéristiques supplémentaires font de lui le dieu protecteur des lieux, des voyages, des changements et des transitions dans tous les sens du terme.

Hermès est aussi défini comme un observateur nocturne et comme étant le plus habile des voleurs : cela nous amène à son surnom d'Hermès Dorios, le dieu de la tromperie et du camouflage. Toutes ces caractéristiques sont vouées pour le bien de l'humanité, comme nous le rappelle Homère.

L'ÈRE DES DIEUX, DES HOMMES ET DES HÉROS

LES TOPOS LITTÉRAIRES DU HÉROS

S i la mythologie grecque se limitait à considérer l'origine de l'humanité et des dieux, les héros ne devraient occuper qu'une position marginale en son sein. Cependant les dieux ont besoin de héros, ainsi que de la mythologie en général. Ils sont en fait d'incontestables protagonistes de l'histoire. Il existe une différence subtile, mais substantielle, entre les légendes concernant les héros et celles des dieux. Les premières se réfèrent au temps historique et non à des événements primordiaux, qui existent hors du temps.

Le mot *héros*, dans la Grèce antique, a une signification très spécifique : c'est une figure qui se situe exactement à mi-chemin entre le monde des hommes et celui des dieux. Dans le langage de l'histoire, cette double nature réside dans les origines du héros qui, en règle générale, est le fils d'un être humain et d'une divinité. Très souvent, c'est un dieu qui conçoit un fils extraordinaire avec une femme mortelle, comme ce fut le cas pour Héraclès, fils de Zeus et d'Alcmène, ou comme c'est arrivé à Persée, qui était aussi le fils du roi des dieux et de la princesse Danaé. Il y a quelques exceptions, avec Achille, par exemple, c'est précisément le contraire : il était en fait le fils du mortel Pélée et de la néréide Thétis.

De ses parents divins, le héros hérite comme cadeaux la force et la beauté, mais, contrairement à eux, il n'est pas immortel ou immunisé contre la vieillesse et ce n'est pas une différence mineure. L'Olympe est sa patrie, mais en même temps, il en est isolé, car il parcourt toujours le monde.

Comme les mythes ont toujours existé, même les héros sont nés lorsque les premiers hommes, effrayés par les ténèbres qui les entouraient, commencèrent à transmettre des histoires pour se sentir moins seuls. Les protagonistes de ces légendes furent inventés pour permettre aux hommes de s'accrocher à une figure moins éloignée que les divinités, capable de donner un sens à leur existence. Cependant, le rôle des héros n'est pas réservé exclusivement à la figure principale des mythes : chacun, en fait, avait son propre culte et ils étaient invoqués et priés. Leurs reliques étaient jalousement gardées et, avec toute cette vénération derrière eux, un mot de réconfort était attendu d'eux. On imaginait autrefois que chaque coutume et chaque action quotidienne, comme semer les champs, courir dans une compétition sportive ou allumer un feu, était dans le sillage d'un héros qui, à un moment donné, avait fait de même. C'est l'action du héros qui donne du sens et de l'ordre à l'univers des hommes, en leur donnant le confort d'agir sur la base d'une tradition, et de ne pas avoir l'impression de tâtonner dans le vide.

Le côté négatif, si nous pouvons le définir ainsi, de chaque héros est la démesure. Dans sa figure il y a toujours quelque chose de sinistre, capable de déranger notre âme parce qu'il surpasse l'être humain dans toutes les directions, par la beauté, la force, la hauteur, la violence, etc. Nous parlons de la colère insatiable d'Achille, du désir de posséder n'importe quelle femme de Thésée et de la soif de connaissance d'Ulysse, une caractéristique qui le conduira à faire le voyage sans fin avant son retour à la maison. Enfin, nous avons l'anti-héros Jason, un homme inapte qui ne se sent pas à la hauteur de la tâche et qui est projeté dans un monde plus grand que lui, dans un voyage chaotique qui finira par l'immobiliser.

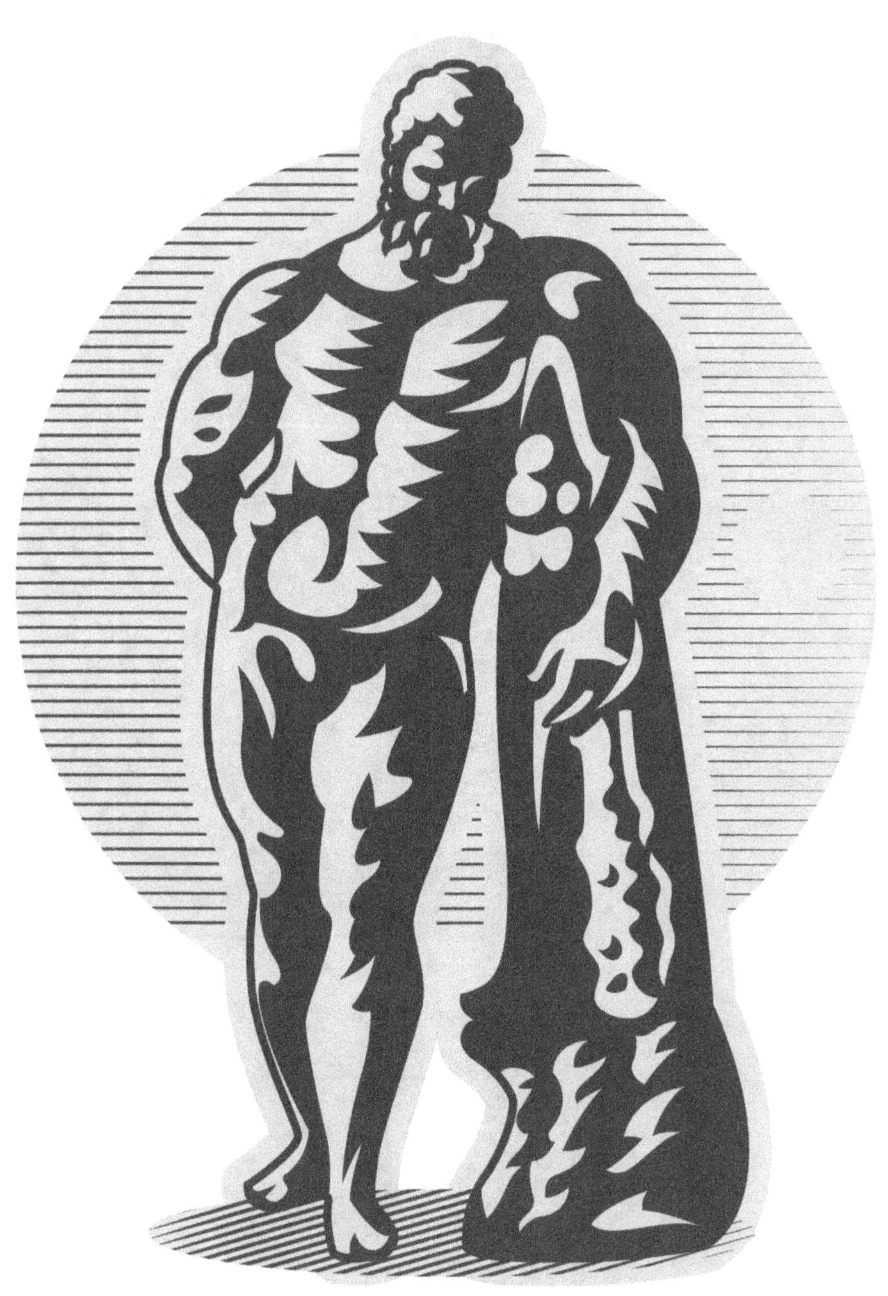

HÉRACLES

LE HÉROS HÉRACLÈS

Héraclès est le héros civilisateur par excellence : les Latins prétendaient qu'il avait décrété le début d'une nouvelle ère de progrès et lorsqu'on pense à lui, on pense automatiquement à sa force, à son courage et aux douze travaux auxquels il a dû faire face. Dans l'imagination commune, nous voyons le héros dans toute sa gloire avec la peau de lion sur les épaules alors qu'il décapite des monstres, abat des ennemis et soutient le monde sur ses épaules en prenant la place du titan Atlas.

Dès ses premiers jours de vie, il était évident qu'Héraclès était un nouveau-né différent des autres : alors qu'il dormait paisiblement dans son berceau, deux serpents noirs et gigantesques s'avancèrent vers lui, rampant. Ces bêtes n'étaient pas n'importe quel type de serpents, mais avaient été invoquées par la déesse Héra, jalouse de l'énième liaison de son mari. Elle avait déjà essayé dans le passé et à de multiples reprises, de traquer les enfants nés des trahisons de Zeus. Apparemment sans échappatoire, Héraclès se réveilla soudainement du sommeil et, armé d'un courage mêlé d'une force incroyable, attrapa les deux serpents, un dans chaque main, et les étrangla.

La renommée de sa force et de ses exploits était maintenant répandue dans tous les coins du monde. Cependant, l'épouse de Zeus était déterminée à faire payer à son mari ses trahisons : peu importe si des vies innocentes s'éteignaient au milieu de leurs disputes. Les dieux sont peu sensibles à la douleur des mortels. Ainsi Héra instilla dans l'âme de notre héros *la folie*, une maladie qui lui ferait accomplir des actes horribles tels que tuer toute sa famille, y compris les enfants. Cet épisode, situé par Euripide après les douze travaux, fut très probablement le ressort de ce dernier. Dans le délire, Héraclès tua ses trois enfants et sa propre femme. Alors qu'il était sur le point de se jeter sur Amphitryon pour le tuer, la déesse Athéna apparut et le frappa à la tête avec la pierre de la modération, *la sophrosyne*. Elle réussit à le faire tomber dans un sommeil profond.

Au réveil, notre héros ne se souvenait de rien, mais, bientôt, il réalisa les actes épouvantables qu'il avait commis et porta éternellement une lourde culpabilité : il devait expier ses péchés. La déesse Athéna, en plus de le faire revenir à la raison, lui montra le chemin de la rédemption qui consistait à se soumettre à Eurysthée, souverain de Mycènes et de Tirynthe. En outre, Héraclès dut accepter tout ordre, même la demande d'accomplir les exploits impossibles qui le pousseraient jusqu'au bout du monde et dans le royaume des morts, pour apprivoiser plusieurs monstres ; ces exploits sont connus sous le nom de *douze travaux d'Héraclès*.

Prêt à faire ce qu'on lui demandait, notre héros ne put s'empêcher d'accepter la demande en comptant sur la sage Athéna. Le premier des douze travaux fut la capture du *lion de Némée*. A une époque lointaine, les vallées de la Grèce étaient traversées par des lions, chassés par les seigneurs de la ville. Mais le lion qui parcourait le Péloponnèse, près de la ville de Némée, était une bête gigantesque et monstrueuse, semant une pure terreur parmi les hommes. On disait que c'était le résultat de l'union entre le dragon Échidna et le chien Orthos, deux créatures mythologiques. Selon d'autres récits, cependant, le lion était tombé de la lune sur terre et était, par conséquent, une créature invincible par tout le monde, sauf par notre héros.

Héraclès se rendit dans la forêt de Némée et trouva le repaire du lion ; la demeure de l'animal avait deux sorties et, pour le tuer, Héraclès bloqua l'une puis descendit dans l'autre. Armé d'un arc et d'une massue, le héros était prêt à tirer la flèche dès qu'il voyait la bête féroce. Avec un rugissement terrifiant et soudain, le lion apparut devant lui : les flèches tirées par Héraclès n'égratignaient pas l'animal, mais le rendaient seulement nerveux. Prêt à attaquer, le lion avec une crinière de feu fit un saut, mais Héraclès réussit à le battre à temps, le frappant avec sa massue directement sur la tête.

Étourdi au sol, le lion de Némée fut écorché et sa peau invulnérable devint le symbole distinctif d'Héraclès, qui l'aurait utilisé comme s'il s'agissait d'un manteau. Lui aussi était animé par quelque chose qui le rendait semblable aux bêtes. Héraclès lui-même devint un peu un lion. Zeus, pour honorer son fils, prit la bête de Némée dans le ciel comme un souvenir et devint le signe du zodiaque du Lion. Ayant accompli sa première mission, le héros traîna la carcasse de l'animal jusqu'à Mycènes, mais Eurysthée, trop effrayé, refusa de la regarder et, bien caché derrière une colonne, lui ordonna de partir pour la deuxième mission.

Dans le marais de Lerne vivait un énorme serpent avec cinquante ou peut-être cent têtes : *l'hydre de Lerne*, ou la bête d'eau. Chaque fois qu'une de ses têtes était tronquée, trois têtes identiques repoussaient du moignon. Tuer le monstre aurait été le deuxième effort d'Héraclès, qui était accompagné de son neveu Iolaos, fils de son demi-frère Iphiclès. Alors qu'Héraclès était sur le point de couper l'une des têtes de l'hydre, le neveu dut brûler le cou coupé de la bête avec une torche, afin d'empêcher les autres de grandir. L'entreprise ne toucherait à sa fin jusqu'à ce qu'un énorme crabe émergea du marais, visant le pied d'Héraclès. Le crustacé fut transporté parmi les étoiles par la déesse Héra, qui créait le signe du zodiaque du Cancer.

Les troisièmes, quatrièmes et même cinquièmes efforts d'Héraclès l'avaient amené à se heurter à d'autres monstres animaliers : sa tâche était de capturer *le cerf de Cérinéa* avec des cornes d'or, un animal sacré pour Artémis. Pendant une année entière, il ne réussit pas à accomplir sa mission et poursuivit le cerf jusqu'à l'extrémité du monde, au pays des Hyperboréens. Là, le cerf épuisé s'arrêta et, sans perdre de temps, Héraclès le frappa enfin de l'une de ses flèches. Le troisième exploit fut accompli et se termina lorsqu'il apporta les cornes d'or en présence d'Eurysthée qui lui donna l'ordre de capturer *le sanglier d'Erymanthe* qui faisait rage dans les champs des paysans, près des montagnes du Péloponnèse. Après avoir également fait le quatrième effort, Héraclès dut chasser *les oiseaux féroces du lac Stymphale*, des oiseaux aussi féroces que des léopards. Ces oiseaux avaient l'habitude d'attaquer les hommes avec leur bec pointu et, après chaque attaque, de se retirer dans la forêt. Héraclès s'approcha alors des bois et, faisant résonner un hochet de bronze, effraya les oiseaux qui commençaient à s'envoler. De cette façon, il put les viser avec l'arc et les tuer un par un.

Le sixième effort, beaucoup plus bizarre que tous les autres réunis, avait obligé le fils de Zeus à nettoyer *les écuries d'Augias*, le roi de la région d'Ilia. Héraclès dut accomplir cette mission humiliante avec patience pour retourner se battre contre d'autres bêtes sauvages.

L'exploit suivant nécessitait de capturer le majestueux *taureau de Crète* qui, dit-on, était celui qui avait rejoint Pasiphaé pour donner naissance au Minotaure et qui serait plus tard tué par le héros Thésée.

Dans le nord de la Grèce, le huitième effort l'attendait ; en Thrace régna Diomède, souverain propriétaire de plusieurs juments très spéciales : elles étaient en fait carnivores. Une tâche assez ardue était d'apprivoiser *les juments de Diomède*, mission qu'Héraclès réussit à remplir sans effort.

De Thrace, alors, le héros se dirigea vers l'est où les Amazones, les femmes guerrières, l'attendaient. Le neuvième effort consista à s'emparer de *la ceinture d'Hippolyte*, la reine des Amazones. Débarquant en Asie avec quelques compagnons, Héraclès fut une fois de plus contrecarré par Héra, déterminée à le voir échouer. La déesse, en fait, avait pris la forme d'une Amazone et avait couru les avertir tous déclarant que les étrangers qui venaient d'atterrir allaient kidnapper leur reine. Armés jusqu'aux dents et sur le dos de leurs destriers, les Amazones étaient prêtes à affronter leurs ennemis. La bataille n'était pas du tout simple : les femmes se battaient avec une fureur jamais vue auparavant et savaient utiliser l'arc mieux que quiconque. Malgré cela, Héraclès réussit à tuer leur reine et à arracher la célèbre ceinture du cadavre.

Eurysthée, à ce moment-là, était désespéré : en apparence, aucun exploit n'était insurmontable pour Héraclès. Déterminé à le voir échouer, le roi l'envoya aux extrémités de la terre, dans un endroit encore plus éloigné où aucun être n'était jamais allé auparavant. À l'extrême ouest, il y avait l'île du coucher du soleil, Érytheia, où vivait un monstre appelé Géryon. Son apparence instillait une immense terreur, alors que trois corps différents jaillissaient des deux jambes, dotés d'une force extrême. Géryon possédait également un troupeau de bœufs à pelage rougeâtre, qu'il laissait paître, gardé par le chien à deux têtes Orthos. La tâche d'Héraclès était de s'emparer des *bœufs de Géryon* et de les ramener à Eurysthée. Il traversa ainsi le détroit qui sépare la Méditerranée de l'océan, et érigea les infâmes piliers d'Hercule, en signe de son passage. Une fois débarqué sur l'île, le héros tua le chien Orthos avec un coup de massue et a abattu Géryon avec des flèches, déterminé à défendre son bétail. En chassant les bœufs, le voyage de retour a commencé : en Ligurie, il fut attaqué par des indigènes qui l'auraient submergé sans Zeus qui, du haut du ciel, jeta une pluie de pierres sur les assaillants ; sur les rives du Tibre, un géant nommé Cacus essaya de voler son bétail et Héraclès finit par le tuer. Après des événements sans fin, le héros vint devant le roi et lui donna les troupeaux qui avaient été sacrifiés à la déesse Héra.

Insatisfait, le roi de Mycènes le força à repartir pour l'extrême-ouest, vers le jardin des Hespérides, les nymphes enchanteresses. La tâche de ces filles était de garder l'arbre des pommes d'or que Gaïa avait cultivées comme cadeau de mariage pour Zeus et Héra. Le onzième effort d'Héraclès fut de voler *les pommes d'or des Hespérides* et de les apporter à Eurysthée. Ici, le mythe bifurque en différentes versions : certains disent que le héros s'est embarqué une fois de plus, surmontant les fameuses colonnes ; d'autres, cependant, racontent qu'Héraclès avait demandé au titan Atlas de le remplacer dans l'entreprise et, en retour, il aurait tenu la voûte céleste sur ses épaules. On dit aussi que le titan ne voulant plus reprendre son travail désagréable, proposa à Héraclès d'apporter lui-même les pommes au roi. Héraclès, qui avait déjà deviné le piège, fit semblant de consentir et demanda à Atlas de l'aider à mieux organiser le monde sur ses épaules : le titan naïf posa les pommes sur le sol pour aider le héros qui, comme la foudre, attrapa les fruits et s'enfuit. Il semblait avoir accompli tous les exploits imaginables, mais il restait une dernière aventure : pour achever son chemin d'expiation, Héraclès dut descendre dans le monde souterrain et *capturer Cerbère*, le chien à trois têtes qui gardait l'enfer. Aidé par Athéna, une fois qu'il atteignit les portes du royaume des morts, Héraclès réussit à se frayer un chemin vers le chien infernal. Charon le laissa passer mais Héraclès dut passer une année entière enchaîné pour purger sa peine. Devant le héros, avec la massue à la main et recouvert de la peau du lion de Némée, Cerbère courut se cacher sous le trône de son maître, Hadès. Ainsi, Héraclès vint devant les maîtres des Enfers et jeta une pierre sur Hadès qui s'enfuit dans la peur. Personne ne sut ce qui se passa vraiment dans le monde souterrain. Dans tous les cas, le héros réussit à ramener Cerbère au roi de Mycènes.

Héraclès avait finalement expié ses péchés : les douze travaux avaient été accomplis et il avait montré que les dieux, malgré tout, étaient de son côté. Sauf Héra, bien sûr, qui nourrissait une haine viscérale à son égard. Athéna au contraire était la déesse qui, silencieuse et attentive, avait été une constante alliée durant tous ses exploits et avait su lui inculquer du courage, lui prodiguant de précieux conseils sans jamais faire ses devoirs à sa place.

Après son retour du royaume des enfers, Héraclès reçut le nom de *Callisto*, ce qui signifie la *belle victoire*. De tous les héros et divinités, lui seul était surnommé Callisto, car il avait réussi à vaincre la mort. Chaque recoin du monde portait les traces du passage d'Héraclès : de l'extrême ouest, bien au-delà des piliers d'Hercule, jusqu'à la terre la plus orientale où il avait combattu les Amazones. Ce monde n'était pas le seul à connaître la gloire du héros, mais aussi le monde divin avait connu son courage et sa grandeur.

En plus de la capture de Cerbère, il combattit à Pylos parmi les morts, blessa Hadès avec une flèche et dans cette ville du Péloponnèse, le héros tua Périclymène, le frère du roi de Pylos. Il pouvait prendre n'importe quelle forme, se transformait en aigle, puis en ours, puis en lion, puis en mouche. Grâce à l'aide d'Athéna, Héraclès réussit à l'écraser avec sa massue, car Périclymène, sous la forme d'une abeille, s'était reposé sur le joug de son char. Dans le royaume des morts, Héraclès réussit à entrer et à sortir à volonté et cet aspect l'a fait connaître comme *celui qui sauve de la mort*. Une fois, il s'est retrouvé devant la tête de Méduse, la plus célèbre des Gorgones, dotée du pouvoir de pétrifier quiconque la regardait dans les yeux.

Dans le royaume des morts, Héraclès rencontra également l'âme de Méléagre, un jeune homme dont la vie avait été inextricablement liée à un morceau de bois et qui était le fils de la princesse Althée et du dieu de la guerre Arès. À la naissance de Méléagre, les trois Moires, qui étaient les divinités du destin, apparurent au palais. La première, Clotho, disait que l'enfant deviendrait un homme aux sentiments nobles ; la seconde, Lachésis, prophétisa qu'il aurait la force et le courage égaux à un héros ; enfin, la troisième, Atropos, avec une chanson dissonante proclamait : « Méléagre ne vivra que jusqu'à ce que ce bois ait été consommé ». Althée, effrayée, sortit le bois des flammes et le cacha dans un endroit sûr, afin de préserver la vie de son fils. Méléagre devint un homme fort et vaillant, comme prédit par la deuxième Moira, avec des sentiments d'amour pour Atalante, une femme élevée par des animaux sauvages et dédiées à la chasse. Cependant, Atalante ne voulait épouser personne et quand elle se présenta pour un voyage de chasse contre le sanglier calédonien, tous les héros furent surpris : personne ne voulait partager une telle expérience avec une femme, y compris Héraclès. Méléagre fut le seul à avoir une réaction différente, car il était perdu amoureux de l'Atalante ; après plusieurs jours de manifestations, il réussit à convaincre ses camarades et ils partirent tous ensemble pour la chasse, y compris la fille. C'est elle qui réussit à frapper le sanglier en le perçant avec une flèche et, quand il était temps de diviser les restes de l'animal, Méléagre lui donna les parties les plus convoitées. Les protestations de ses frères ne dégénèrent qu'en une querelle furieuse et Méléagre finit par les tuer. Aveuglée par la colère, sa mère Althée n'y réfléchit pas à deux fois et jeta le fameux bois dans le feu et, ainsi, Méléagre descendit au pays des morts. Juste là, Héraclès le rencontra et, ne reconnaissant pas l'ombre, le frappa presque avec ses flèches. Méléagre d'une voix mélancolique le réprimanda : « Arrêtez, fils de Zeus ! Ne gaspillez pas vos flèches contre les âmes des morts, qui n'ont aucune consistance ». Les deux se reconnurent et pleurèrent sur le triste sort des mortels. « La meilleure chose pour un homme, dit Héraclès, c'est de ne jamais naître ».

Il est étrange de penser qu'après tant d'exploits, c'est précisément un homme mort qui mit fin aux événements d'Héraclès.

Méléagre, prenant congé avec lui, lui demanda de s'occuper de sa sœur Déjanire : « J'ai laissé Déjanire à la maison, dans la splendeur de sa jeunesse ; elle ne sait rien des charmes d'Aphrodite et, pour moi, ce sera un honneur si vous l'épousez». Pour Héraclès, cependant, cela n'aurait pas été une joie : le dieu des rivières Achéloos était tombé amoureux de la jeune fille et le héros devait le vaincre.

Une fois que le rival amoureux eut gagné, Héraclès chargea le jeune Déjanire sur son char mais sur le chemin du retour, il trouva la route bloquée par une autre rivière, la Licorma. Il y avait le centaure Nessus qui avait la tâche de transporter les voyageurs vers l'autre rive. Portant la belle Déjanire, le centaure lascif ne put se retenir et étendit ses mains sur son corps. Héraclès ne pouvait supporter un tel affront et, avec une flèche, frappa la poitrine de Nessus, le faisant mourir. Peu de temps avant d'expiation, le centaure murmura à Déjanire : « Je veux vous donner un cadeau, en hommage à votre beauté. Ici, recueillez le sang qui coule de la blessure et gardez-le : si vous imprégnez une robe de ce sang et que votre mari la porte, vous vaincrez sa fidélité pour toujours. Il ne regardera plus jamais aucune autre femme ».

Stupéfaite, Déjanire vida une bouteille qu'elle avait avec elle et recueillit quelques gouttes de sang de Nessus et, une fois à la maison, elle la conserva dans une boîte en bronze. Continuant à se torturer en pensant à la promesse du centaure, Déjanire se trompait en se disant que le jour ne serait jamais venu où elle aurait à tester ce filtre de l'amour. Les deux s'aimaient follement ou, du moins, c'est ce qu'il semblait.

Mais un héros comme Héraclès ne pouvait pas être monogame : sa soif de sexe était aussi insatiable que celle de l'aventure. Il a été dit, que lorsqu'il était allé dans la ville d'Œchalie où vivait la princesse Iole, il voulait l'épouser. Mais aucun père ne voulait marier sa fille à Héraclès, surtout après la tragédie qui l'avait vu exterminer toute sa famille. Le seul homme en faveur du mariage était Iphitos, le frère d'Iole ; après avoir partagé quelques aventures avec lui, Héraclès, repris par la folie, le tua, le jetant le long des murs.

Pour expier ses péchés, le héros se rendit au temple d'Apollon, mais il était tellement couvert de sang que la prophétesse du dieu refusa de le recevoir. Héraclès, furieux, dévasta le temple avec sa massue et déclencha la colère d'Apollon qui descendit du ciel pour faire face à son demi-frère. Zeus s'embêta avec le trône divin pour arrêter cette lutte et força la prophétesse à donner sa réponse. Pour expier le meurtre d'Iphitos, Héraclès dû devenir le serviteur d'une femme pendant trois ans : un test humiliant pour un héros de sa stature. Forcé par son père, il servit la reine de Lydie, Omphale, qui l'obligeait à s'habiller en femme avec des colliers et des bracelets.

Trois ans plus tard, il était enfin libre. Il n'avait cependant jamais oublié Iole : il se rendit à la forteresse d'Œchalie, la dévastant et emmena la princesse. Déjanire qui, entre-temps, l'attendait à la maison, vit son mari entrer dans la ville en compagnie de la belle Iole, debout et fière sur le chariot. La princesse ne ressemblait pas à une prisonnière, mais plutôt à la nouvelle maîtresse. De plus, Iole était si jeune, tandis que la beauté de Déjanire s'estompait. Son homme restait charmant malgré son âge, mais, car son amour consumait misérablement. Déjanire se voyait déjà mise de côté, laissée seule, et elle décida donc d'utiliser le philtre d'amour de Nessus.

Avec le sang du centaure, la fiancée d'Héraclès imprégna une tunique et l'envoya à son mari, espérant retrouver toute son attention. Cependant, la robe nouvellement portée s'est immédiatement révélée pour ce qu'elle était : un instrument de mort dévorant la chair. Parmi les spasmes de la douleur, Héraclès se souvint d'une ancienne prophétie le concernant : « Mon père Zeus m'avait révélé que je ne tomberais pas aux mains d'un être vivant, il fallait que ce soit un habitant des enfers pour me tuer. Et ici le centaure accomplit la prophétie : lui, mort, me tue, vivant ».

Quand il réalisa que la ruse du centaure était la cause de son mal, Héraclès exprima ses dernières volontés au premier-né qu'il avait avec Déjanire qui, entretemps, s'était suicidé.

Comme premier souhait, le héros demanda l'érection d'un bûcher funéraire et à son fils d'épouser la belle Iole. Héraclès voulait être brûlé et, ainsi, le fils avait érigé le bûcher, mais n'avait pas eu le courage de l'incendier et le héros avait donc dû attendre l'aide d'un étranger qui passait. Le destin voulait que ce pèlerin soit Philoctète, à qui Héraclès donna son arc pour le remercier d'avoir mis fin à sa douleur. On dit que le héros est monté au ciel dans un nuage, passant par la porte qui était située près du Sagittaire par où le centaure fut transporté dans le firmament. D'Héraclès il ne restait plus rien sur terre, pas même un tas de cendres.

Selon Homère, le véritable Héraclès était sur l'Olympe parmi les dieux, où on lui avait été donné en mariage Hébé, la déesse de la jeunesse éternelle et fille d'Héra. Dans l'enfer, en revanche, il ne reste qu'une ombre errante d'Héraclès, qui rencontrera Ulysse dans le onzième livre de l'Odyssée.

THÉSÉE

LE HÉROS THÉSÉE

L'histoire de Thésée n'est pas seulement une question de séduction, mais est également liée aux viols commis avec une violence gratuite : le héros ne reculait devant rien pour s'emparer des femmes qui l'intéressaient. Il n'aimait personne en particulier et son unique désir était celui de posséder.

Compte tenu de cette prémisse, Thésée était le fils de Poséidon et d'Éthra, la princesse de Trézène ; certains disent que son vrai père était Égée mais, peut-être, Poséidon et Égée sont deux visages de la mer qui baigne les côtes de la Grèce. Quoi qu'il en soit, Éthra donna naissance à son fils seule, car le père avait décidé de retourner à Athènes, mais, peu de temps avant de partir, il enterra ses sandales et son épée sous un énorme rocher et il dit à la princesse que leur fils, une fois qu'il aurait grandi, pourrait prouver sa lignée royale en déplaçant le rocher et en se présentant à lui avec les objets déposés sous le rocher.

Thésée fut donc élevé comme prince dans le palais de Trézène, loin de son père, et quand il eut seize ans, il récupéra les sandales et l'épée pour prouver sa valeur et son identité royale. Prenant son arme et mettant ses chaussures, Thésée prit sa route vers Athènes, en saluant sa mère mélancolique qui le regarda partir.

Son voyage vers la maturité venait à peine de commencer. En chemin, il rencontra et vainquit de nombreuses menaces, dont les gigantesques Périphétès et ses brigands, qui avaient l'habitude d'abattre les voyageurs ; Sinis, un voleur qui torturait les voyageurs en les écartelant entre deux pins dont il courbait les cimes pour y attacher ses victimes par les pieds ; un sanglier appelé la truie de Crommyon ; et, enfin, Sciron qui contraignait les pèlerins à lui laver les pieds puis ils les précipitaient dans la mer où une tortue les mangeait.

Malgré tous les dangers, Thésée arriva à Athènes, fier et ardent. La nouvelle de ses exploits se répandit dans la ville et les Athéniens étaient effrayés par ce jeune homme qui avait réussi à vaincre seul tant d'adversaires. Égée, qui n'avait pas reconnu son fils, était agité, mais Médée, au contraire, avait compris qui était l'étranger et avait conçu un stratagème perfide pour l'éliminer. Elle voulait empêcher à tout prix que le trône soit enlevé à Médos par l'enfant auquel elle avait donné naissance avec Égée. Son plan était d'envoyer le héros dans une mission mortelle : capturer le taureau de Marathon qui dévastait les campagnes et semait la terreur parmi les habitants. Le long de la route qui menait à Marathon, Thésée s'abrita de l'orage dans la cabane d'une douce vieille femme nommée Hécalé, qui l'accueillit comme s'il était son petit-fils et les deux échangèrent de longues conversations amicales au cours de la nuit. À l'aube du lendemain, Thésée la salua avec un baiser et promit qu'il reviendrait avec le taureau. C'est ce qu'il fit : il captura la bête féroce, mais à son retour chez Hécalé, il la trouva morte sur le lit. Ses jours étaient terminés, les dieux l'avaient emmenée avec eux. Pour garder vivante sa mémoire et la douceur avec laquelle Hécalé l'avait accueilli chez elle, Thésée lui consacra le temple de Zeus.

Malgré le deuil, le héros retourna triomphant à Athènes et sacrifia le taureau aux dieux. À ce moment-là, Médée, furieuse de ne pas avoir réussi dans son entreprise, conçut un autre stratagème mortel. Son intention était d'empoisonner le garçon avec un liquide qu'elle préparerait elle-même et verserait ensuite dans sa tasse. Thésée fut invité à la cour dans laquelle il s'assit devant son père, qui ne l'avait pas encore reconnu. Médée lui versa le liquide toxique, mais juste avant que les lèvres du héros ne touchent la tasse, le père le reconnut finalement : « Arrête, fils. Ne bois pas ! » il remarqua les sandales aux pieds du garçon et l'épée qu'il avait dégainée pour couper un morceau de viande. Médée fut exilée et d'elle on ne rappelle que la légende de sa méchanceté, tandis que Thésée se réunit avec son père.

L'aventure la plus grande et la plus célèbre qui voit notre héros comme protagoniste est la descente dans le labyrinthe. Ce mythe trouve son origine dans la colère de Minos, le roi de Crète, qui accusa Égée d'avoir tué son fils Androgée dans des circonstances mystérieuses. Afin d'expier cette mort, Apollon aurait conseillé aux Athéniens un cruel traité : depuis lors, tous les neuf ans, ils devraient envoyer en Crète sept garçons et sept filles qui seraient enfermés dans le Labyrinthe pour être sacrifiés au Minotaure. Sachant qu'ils allaient faire face à l'une des morts les plus horribles, les quatorze jeunes hommes montaient à bord du navire qui les emmenait en Crète, pleins de désespoir. Les Crétois regardaient aussi avec haine leur roi pour ce traité de sang. À Athènes, pendant ce temps, Égée gardait son fils bien-aimé en sécurité dans ses chambres.

Quand, pour la troisième fois, ce fut le tour de quatorze autres adolescents, Thésée décida de mettre fin à ce carnage et se rendit en Crète avec les jeunes victimes afin de tuer le monstre. Égée fit tout pour le convaincre de rester, mais Thésée resta inébranlable. Accompagné des dieux Poséidon et Apollon qui lui étaient si chers, il pria aussi Aphrodite de ne jamais l'abandonner. On dit aussi que Thésée avait remplacé deux filles par deux de ses amies et qu'il les avait déguisées pour que personne ne puisse remarquer la différence. Arrivés en Crète par la mer et accueillis avec mépris par Minos, les jeunes étaient prêts à affronter le Minotaure.

Parmi les innombrables enfants de Minos se trouvait Ariane, une fille délicate qui vivait à l'ombre du palais et qui n'avait pas encore connu l'amour. Ariane tomba amoureuse de Thésée dès qu'elle le vit mettre le pied sur la plage. Elle trahit son père pour sauver la vie de son bien-aimé. Thésée avait bien fait de prier la déesse de l'amour Aphrodite : c'est précisément le pouvoir de l'amour qui lui permit d'abattre le Minotaure. Personne n'était jamais sorti de ce labyrinthe tortueux, mais Ariane connaissait ses secrets, peut-être sur les conseils de Dédale, créateur du labyrinthe. Elle eut ainsi une idée brillante : une pelote de fil suffirait pour sortir de là. Thésée aurait dû attaquer une extrémité du fil à la sortie et, en le rembobinant, il aurait retrouvé son chemin. On ne sait pas comment il réussit à tuer le Minotaure : selon certains Thésée lui fracassa la tête, d'autres disent qu'il le massacra avec des poings. En tout cas, lui seul pouvait accomplir un tel exploit, car le Minotaure était immunisé contre les attaques d'armes de guerre. Le cadavre du monstre resta là, trahi par sa demi-sœur.

Thésée réussit à sortir du labyrinthe en toute sécurité. Il rassembla ses compagnons et se sauvèrent en mer avec Ariane. Après avoir abandonné les horreurs du labyrinthe, le navire athénien débarqua sur l'île de Naxos, dans l'archipel des Cyclades. Ariane se laissa tomber sur la plage et s'endormit, victime, peut-être, d'un sommeil magique et profond qui ne la réveilla pas lorsque tout le monde reprit le voyage. Quand elle se réveilla, le sable était recouvert d'une couche subtile de glace et son amour Thésée ne couchait plus à côté d'elle.

De retour en Crète, Minos demeure incrédule et furieux de la mort du Minotaure : il déversa sa colère sur l'artiste de la cour, le rusé Dédale, l'accusant d'être complice de la fuite d'Ariane. Il l'enferma donc dans le labyrinthe avec son fils Icare. Une autre version raconte que les deux y furent enfermés dès que le labyrinthe fut terminé, car ils étaient les seuls à connaître la structure de celui-ci. Quoi qu'il en soit, l'ingéniosité de l'artiste réussit à surmonter toute difficulté : sans le fil, il savait qu'il n'était pas possible de sortir de cette prison et, par conséquent, il conçut un autre plan. Il construisit des ailes de cire pour lui et son fils, afin qu'ils puissent s'envoler et s'échapper du labyrinthe. Dédale avait recommandé à son fils : « Fais attention Icare, mon chéri, ne vole pas trop près du soleil, sinon les ailes fondront ! ». Comme nous le savons, les enfants n'écoutent presque jamais leurs parents et, en effet, la chaleur du soleil fit fondre les ailes d'Icare, le faisant tomber d'une hauteur mortelle. Conscient du sort de son fils, Dédale l'accueillit en larmes avec un baiser et, après avoir récupéré le corps de son fils, il l'enterra dans une région de la mer Égée qui prend encore le nom d'Icarie.

Pendant ce temps, Thésée atteignit Athènes à bord du navire, mais oublia de changer les voiles et de mettre les blanches, qui était censé être un symbole de victoire. Son père, voyant la couleur noire, pensa que son fils était mort et se jeta de l'acropole et mourut sur les rochers. Malgré sa perte grave, Thésée était prêt à régner en tant que roi d'Athènes et il se montra sage et équilibré. Quand il n'était pas occupé à gouverner, le héros se consacrait aux jeunes filles, son activité préférée. Dans son activité de séducteur, Pirithoos l'accompagnait souvent ; les deux, apparemment, étaient tombés amoureux de Perséphone, la reine des Enfers et ils y descendirent pour l'enlever. Hadès découvrit leurs intentions et il les transforma aussitôt en statues : sans Héraclès, ils auraient passé l'éternité dans le monde souterrain.

Une autre tentative de viol avait été perpétrée, par les deux amis, contre la belle Hélène, celle qui allait devenir la cause de la guerre de Troie. Il semble que Thésée avait déjà cinquante ans, alors qu'elle était encore enfant et dansait avec les jeunes femmes de Sparte dans le temple d'Artémis. Thésée et Pirithoos s'approchèrent du temple et l'enlevèrent, fuyant les Spartiates. Arrivés à un endroit sûr, ils décidèrent de jouer la fille aux dés : le gagnant la garderait. Thésée gagna et, bien que nous ne connaissions pas les détails de la nuit passée avec l'enfant, l'épisode ne fit pas honneur au roi.

Parmi les innombrables amoureux de Thésée, il y a aussi la princesse des Amazones, Hippolyte. De leur mariage naquit un fils, nommé également Hippolyte qui, contrairement à son père, rejeta les plaisirs de l'amour. À la fin du mariage causée par la mort de sa femme, Thésée épousa la sœur d'Ariane, Phèdre. Hippolyte, jeune et pur, fut puni par Aphrodite pour son comportement dédaigneux envers l'amour : la déesse mit en œuvre un plan diabolique faisant tomber la belle-mère d'Hippolyte amoureuse de lui. Phèdre, consumée de honte pour cet amour impossible, ne put plus résister et révéla son secret au jeune homme qui la répudia. Gênée de continuer à vivre, Phèdre se suicida. Juste avant de mettre fin à sa vie, elle grava sur une tablette d'argile une lettre dans laquelle elle affirmait qu'Hippolyte avait tenté de la violer. Thésée, aveuglé par la colère, condamna son fils innocent à mort.

PERSÉE

LE HÉROS PERSÉE

Persée, fils de Danaé et Zeus, était le petit-fils du roi d'Argos, Acrisios. Malgré ses origines nobles, il n'avait pas eu la chance de grandir sereinement dans le palais.

Acrisios prédit qu'il serait tué par son petit-fils et, pour cette raison, il avait enfermé sa fille unique dans les cachots du palais, afin de l'empêcher de tomber enceinte. Mais le roi des dieux, Zeus, réussit à le fertiliser en se transformant en une pluie d'or. Incapable de croire cette histoire bizarre, Acrisios pensait que Danaé avait soudoyé l'un des gardes pour faire entrer un homme dans sa prison. Furieux, il enferma sa fille avec le nouveau-né dans un coffre en bois et les jeta à la mer, où, emportés par les flots, ils atteignirent l'île de Sériphos. Là, un pêcheur généreux nommé Dictys accueillit les deux dans sa maison, élevant Persée comme un fils. Malheureusement, le méchant Polydecte, frère du pêcheur et tyran de l'île, fut si arrogant qu'il revendiqua tout ce qui appartenait à Dictys. Quand il vit la belle Danaé, il voulait s'emparer d'elle aussi et invita tous les insulaires à un grand banquet, disant qu'ils devraient apporter à sa future épouse un cheval en cadeau.

Persée ne possédait pas un tel animal à donner. Il proposa plutôt au souverain que s'il laissait sa mère seule, il lui apporterait tout ce qu'il désirait. Polydecte, voulant se débarrasser du héros, exigea la tête de Méduse. Cette créature mythologique est l'une des Gorgones : trois démons aux ailes d'or, aux mains en bronze et aux dents semblables à des crocs animaliers. Contrairement à ses sœurs, Méduse, qui était mortelle, fut punie par Athènes pour avoir osé rejoindre Poséidon dans l'un des temples de la déesse. Pour cette raison, elle avait été transformée en monstre par Athéna. Ses cheveux furent changés en serpents et son regard pétrifiait instantanément quiconque osait la regarder dans les yeux.

L'exploit d'apporter sa tête au roi de Sériphos était donc digne d'un héros. Persée, même s'il était arrogant, était aussi très jeune et effrayé : il se présenta au banquet avec le cheval, mais le roi refusa d'accepter le cadeau : « Tu as promis de me délivrer la tête de la Gorgone Méduse et jusqu'à ce que je l'aie, ta mère restera ma prisonnière ! ». Aigri, Persée se retrouva tout seul près d'un promontoire, quand il sentit une présence derrière lui : « Ne vous inquiétez pas, je vais vous apprendre comment vous pouvez surmonter l'épreuve ». C'était Hermès, le messager des dieux, celui qui connaissait à la fois les routes des vivants et celles des morts. Le dieu lui suggéra d'aller d'abord chez les Grées, sœurs des Gorgones à l'allure décrépie, qui lui montreraient le chemin vers les nymphes des sources, les Naïades.

Les Grées n'avaient qu'un œil et une dent sur trois et, pour voir ou manger, ils les partageaient : Persée, assisté d'Hermès et conscient de leur importance, s'empara rapidement de l'œil et de la dent. Les Grées furent contraintes à lui révéler le lieu de résidence des Naïades, afin d'avoir à nouveau leur dent et leur œil. De cette façon, Persée réussit à atteindre les nymphes qui lui donnèrent tous les outils magiques dont il avait besoin : des sandales ailées pour voler dans les airs, le casque d'invisibilité d'Hadès et une besace enchantée appelée *kibisis* spécialement conçue pour y placer la tête de Méduse.

Grâce aux sandales, Persée gagna les bords d'Océan où résidait les Gorgones. Pendant que les trois sœurs dormaient, Hermès lui suggéra un stratagème particulier pour vaincre Méduse. Il ne pouvait pas la regarder dans les yeux, mais il pouvait la combattre en regardant son image reflétée dans le bouclier. À ce moment-là, le dieu lui donna une faucille dorée et brillante fabriquée par Héphaïstos, une arme avec laquelle Persée put couper la tête de Méduse d'un seul coup. Pendant ce temps, les deux autres Gorgones se réveillèrent mais elles ne pouvaient pas voir Persée, car, après avoir pris la tête de Méduse, il s'était rendu invisible en portant le casque. On dit aussi que du sang de la tête coupée naquit le cheval ailé Pégase, qui ramènera notre héros en Grèce.

Avant d'atteindre sa destination, Persée atteignit la région d'Hespérie, une terre lointaine gouvernée par le titan Atlas. Ce dernier était plutôt méfiant envers les étrangers, car une prophétie disait que son royaume serait détruit par un fils de Zeus. Ignorant cette prédiction, Persée lui révéla qu'il avait des origines divines et, ainsi, le titan essaya de l'éliminer. Le combat était sur le point de se terminer en faveur d'Atlas quand, à la vitesse de l'éclair, Persée réussit à ouvrir la besace afin que le regard de Méduse puisse pétrifier le titan, le transformant en montagne.

De retour sur le dos de Pégase, Persée rencontra une jeune fille attachée à une falaise au bord de la mer : Andromède, fille du roi Céphée et de Cassiopée, se retrouva dans cette situation parce que sa mère, avec arrogance, avait osé défier les Néréides à un concours de beauté. Indignées par cette offense, les nymphes de la mer inondèrent le pays et envoyèrent un monstre marin tourmenter les habitants. Pour sauver son peuple, le roi Céphée interrogea un ancien oracle, selon lequel seul le sacrifice d'Andromède pourrait interrompre la malheureuse affaire. Persée, dès qu'il apprit la situation, proposa à Céphée un pacte : il sauverait Andromède et tuerait le monstre si, en retour, il lui donnait la main de sa fille. C'est ainsi que Persée sortit du *kibisis* la tête de Méduse, pétrifia le monstre marin et rentra chez lui avec Andromède.

Une fois à Sériphos, notre héros se révéla en présence de Polydecte, qui tenait toujours Danaé captive. Cependant, le roi, soutenu par son peuple, avait du mal à croire qu'un petit garçon avait réussi à tuer la vraie Méduse. À ce moment-là, Persée apparut devant l'assemblée qui rassemblait tous les habitants de Sériphos et, devant tous ces regards hostiles, sortit pour la troisième fois la tête de la Gorgone, transformant toute la population en pierre. C'est pour cette raison que, depuis lors, Sérifos est l'île la plus rocheuse des Cyclades.

Après avoir vaincu Polydecte, Persée le remplaça par son père adoptif Dictys, puis il remit les sandales ailées, la besace et le casque à Hermès et donna la tête de Méduse à Athéna, qui, avec suffisance, la plaça sur son armure. Flanqué de sa femme Andromède et de sa mère Danaé, le héros partit pour Argos, sa ville natale.

Acrisios n'avait pas oublié la prophétie et, dès qu'il apprit le retour de Persée, disparut en Thessalie, cherchant refuge à Larissa. Persée n'eut pas du mal à le retrouver, mais il le rassura en lui disant qu'il n'avait aucune rancune et qu'il ne se vengerait jamais de lui. Leur réconciliation fut sanctionnée par des jeux athlétiques. Le destin, cependant, ne changea pas ce qui avait été prophétisé : le grand-père devait forcément à un moment donné mourir des mains de son petit-fils. Lors du concours de lancer du disque, il frappa et tua accidentellement Acrisios, accomplissant ainsi la prophétie. Honteux de ce qui s'était passé, le héros refusa de prendre sa place sur le trône d'Argos et accepta de régner sur Tirynthe. Certains disent qu'il eut un fils, Persès, dont descendra une lignée d'hommes vaillants, destinés à construire le grand empire perse.

L'histoire de Persée croise celle d'un autre héros, peut-être moins célèbre : Bellérophon, le tueur de Belléros. Le héros avait tué un homme qui portait ce nom et avait été forcé de quitter sa ville natale, Corinthe. Bellérophon, exilé, trouva refuge chez Proétos, oncle de Persée. Proétos avait une femme, Sthénébée, qui dès qu'il vit Bellérophon tomba amoureuse de lui, mais le héros refusa ses avances. La femme, furieuse d'avoir été rejetée, dit à son mari que l'invité avait essayé d'abuser d'elle. Ses fausses larmes réussirent à convaincre Proétos, qui éloigna Bellérophon en l'envoyant sur les côtes d'Asie, chez son ami Iobatès, roi de Lycie. Le jeune homme tenait une tablette scellée adressée au souverain, dans laquelle on lui demandait de tuer le héros dès qu'il apparaissait devant lui. C'est ainsi que l'ami de Proétos décida de faire combattre notre héros contre la Chimère.

Les histoires de Bellérophon et de Persée se croisent à ce moment précis : lui aussi avait besoin d'une aide divine pour combattre la féroce Chimère. Le monstre était capable de cracher des flammes, avait la tête d'un lion, le corps d'une chèvre et la queue d'un serpent ; une créature absurde – de là l'expression *"ce n'est qu'une chimère"*. Bellérophon invoqua le dieu de la mer pour lui accorder un cheval spécial, Pégase et réussit ainsi à vaincre la Chimère, peut-être en la ciblant avec des flèches d'en haut ou, peut-être, en prenant le trident de Poséidon, les versions divergent quant à l'exacte manière.

De retour de l'entreprise, Bellérophon dut passer deux autres tests incluant les Amazones et les habitants des Solymes. En revenant d'une expédition, les guerriers les plus forts de Iobatès lui tendirent un piège, mais notre héros réussit à les surmonter. À ce moment-là, le roi de Lycie, plein d'admiration, montra la tablette reçue de Proétos et ainsi Bellérophon monta sur le cheval ailé et se dirigea vers la Grèce, déterminé à se venger de la femme qui l'avait dénigré.

Bellérophon feignit la douceur et la convainquit de faire un tour sur le dos de Pégase. Quand les deux furent hauts dans le ciel au-dessus de la mer Égée, le héros la jeta de son cheval, la faisant s'écraser sur l'île de Milos. Bellérophon lui-même tomba de la même manière : il était curieux de savoir si les dieux existaient vraiment. Quand il se dirigea vers l'Olympe, Zeus, offensé par tant d'intrusions, le fit tomber dans un buisson d'épines. Pégase resta au service des divinités, tandis que Bellérophon, devenu boiteux et aveugle, erra sur la terre jusqu'à sa mort.

JASON ET L'EXPÉDITION DES ARGONAUTES

L'expédition des Argonautes à la conquête de la Toison d'Or commence par une dispute dynastique qui voit Jason comme protagoniste. Quand Pélias, seigneur d'Iolcos, vit un garçon arriver pieds nus, il comprit que la prophétie s'était réalisée. Jason vint réclamer le royaume qui lui appartenait par droit d'hérédité. Pélias n'abandonnerait son trône pour rien au monde et trouva une solution pour se débarrasser de lui. Notre héros devrait voyager jusqu'aux extrémités de la terre, démontrant son courage et sa bravoure. S'il parvenait à ramener le trésor conservé dans ces terres lointaines, il aurait eu le royaume qu'il méritait. C'était une tâche impossible, un véritable voyage vers la mort. Mais revenons en arrière. Jason disposait d'un droit légitime au trône d'Iolcos parce que son père Éson avait été renversé par Pélias. Les deux, en effet, étaient demi-frères utérins : le premier était le fils de Chrétée, fondateur de la ville, tandis que l'autre est le fils de Poséidon. Se sentant plus digne qu'Éson, en tant que fils d'un dieu, Pélias le détrôna et devint le roi d'Iolcos. Entretemps, Éson eut un bébé et pour le protéger du tyran, il prétendit qu'il était mort-né. Mettant en scène ses funérailles, il fit emporter le nouveau-né Jason et le confia aux soins des Centaures, créatures sages capables de lire les étoiles.

Une fois adulte, à l'âge de vingt ans et protégé par les dieux, Jason décida de reconquérir le trône et se rendit à Iolcos. Dans la ville, le cruel Pélias, tourmenté par les cauchemars de la déesse Héra qui pour une série de vicissitudes voulait punir le roi, décida de s'adresser à l'oracle d'Apollon à Delphes. La réponse qu'il reçut le bouleversa beaucoup : « Fais attention à *l'homme au pied nu* ». *Qui ne pourrait jamais être l'homme avec une seule chaussure ?*

Pendant ce temps, sur le chemin du retour, Jason aida une vieille femme à traverser la rivière. En entrant dans le courant, il perdit une sandale. La vieille dame était, en réalité, la déesse Héra déguisée et qu'elle n'oubliera jamais la générosité de Jason.

Quand il arriva à Iolcos, personne ne savait qui il était, mais tous admiraient sa beauté. Attiré par l'agitation, Pélias aussi se précipita et lui demanda qui il était : « Je suis Jason, fils d'Éson et seigneur légitime de ce pays » répondit le beau jeune homme. Voyant son pied nu, l'usurpateur comprit tout, mais il ne pouvait pas agir ouvertement, puisque le peuple l'acclamait. Pélias commença à lui parler de la Toison d'Or, un trésor précieux gardé par un dragon et un roi d'un pays lointain que les dieux eux-mêmes avaient décidé de faire récupérer à un héros intrépide : seul Jason aurait pu s'aventurer dans des terres aussi reculées et rapporter ce trophée. Enflammé par la promesse d'aventure, Jason partit, sachant que c'était le seul moyen possible pour obtenir le trône.

Même s'il était valeureux, Jason ne pouvait pas accomplir un tel exploit seul. Il devait enrôler un équipage de héros et trouver un moyen de traverser la mer qu'aucun homme n'a jamais navigué. La déesse Athéna fit construire un navire magique qui s'appelait Argo, *le rapide*, en grec. Les héros qui participèrent à l'expédition étaient plus de cinquante et étaient appelés Argonautes, ou *les marins d'Argo* ; parmi les plus importants, on compte Héraclès ; Orphée, qui avec sa lyre enchantait les êtres animés et inanimés comme un joueur de flûte ; les pères d'Achille et d'Ajax, Pélée et Télamon ; les fils du dieu Poséidon, Euphème et Périclimène ; les fils d'Hermès, Echione et Eurytus ; les fils de Zeus, les jumeaux Castor et Pollux ; et bien d'autres.

Avant de naviguer, les Argonautes consultèrent le voyant Idmon qui prédit : « Je connais l'avenir : je sais que vous reviendrez ici avec la Toison, mais beaucoup d'entre nous, et moi-même, mourrons le long du voyage vers l'Asie ». Mélancoliques, les Argonautes partirent et en un instant la Grèce disparut derrière eux. La première escale fut sur l'île de Lemnos, un endroit habité uniquement par des femmes à cause d'une malédiction sombre qui flottait au-dessus d'elle. Aphrodite, en effet, outrée par le comportement des femmes de l'île qui refusaient de lui offrir les honneurs qui lui étaient dus, les punit en les infectant d'une forte mauvaise haleine qui chassa tous les hommes. Ceux-ci, dégoûtés, abandonnèrent leurs femmes et se livrèrent à la liberté, enlevant les filles barbares qui vivaient sur les côtes de Thrace. Ainsi, les épouses, à leur tour, décidèrent de punir les hommes : elles les exterminèrent tous, donnant lieu à un véritable matricide.

Lorsque les Argonautes débarquèrent sur l'île de Lemnos, les femmes attendirent avant de se jeter sur eux : réunies en assemblée, elles décidèrent de les rencontrer. Jason était non seulement vaillant et plein de courage, mais il était aussi beau et protégé par la déesse Aphrodite ; notre héros ne dut pas recourir aux armes, car la reine Hypsipyle tomba follement amoureuse de lui. L'équipage d'Argos ne savait pas ce qui s'était passé à Lemnos et fut dupé par les discours de la reine : « Étrangers, nous vivons ici seules, abandonnées par nos maris qui sont allés en Thrace chercher des femmes étrangères. Si vous voulez vous arrêter avec nous, nous pourrions vous offrir une terre fertile et des jours heureux : quittez donc la plage et entrez dans la ville ». L'invitation fut acceptée et le pouvoir de l'amour adoucit les Lemnias. Une nouvelle génération de mâles allait repeupler l'île. Entre banquets, danses et plaisirs du lit, les Argonautes furent enivrés par la situation, mais Héraclès, impatient de reprendre le voyage, après avoir crié sa colère sur ses compagnons, les persuada de partir.

Malgré les protestations des femmes, qui avaient retrouvé la joie de la compagnie, le navire repartit et après une série de vicissitudes, les Argonautes perdirent une partie de l'équipage, y compris le grossier Héraclès. Ils l'abandonnèrent sur l'île de Mysie alors qu'il était à la recherche de son écuyer et amant Ila, qui était descendu à la recherche d'une source d'eau et fut kidnappé par les nymphes follement amoureuses de lui. Le voyage reprit et les Argonautes durent affronter les Harpies, démons ailés au corps d'oiseaux et au visage de femme, qui avaient pour tâche de punir le roi de Thrace Phinée. Ce devin aveugle avait osé défier les lois des dieux. Sa faute avait été de révéler aux hommes l'avenir le plus lointain et, ainsi, il fut condamné à se faire arracher la nourriture des mains par les Harpies. Le roi Phinée, ne pouvant jamais manger plus que quelques miettes, ressemblait à un fantôme : il vivait abandonné à lui-même, plongé dans la saleté. Mais il était toujours un voyant et, par conséquent, il savait qu'un jour quelqu'un viendrait le sauver.

Les Argonautes l'aidèrent, chassant les harpies et le libérant du poids de la malédiction. Le devin les remercia en leur donnant un avertissement : un terrible danger les attendrait entre l'Europe et l'Asie. Là où les deux continents s'accrochent l'un à l'autre, deux falaises, appelées Symplégades, entraient en collision perpétuellement l'une sur l'autre et écrasaient quiconque tentait de les traverser. Conscients du piège qui les attendait, les Argonautes libérèrent une colombe avant de passer avec le navire et réussirent à saisir le moment où les deux falaises s'éloignaient l'une de l'autre. En surmontant cet obstacle, l'équipage vit des endroits fabuleux, des terres mystérieuses et fit face à de nouveaux dangers jusqu'à ce qu'il atteigne le palais du roi Éétès en Colchide.

Dans cet endroit brumeux, aidé par la déesse Héra qui se souvenait encore de sa générosité, Jason réussit à récupérer la Toison d'Or en touchant le cœur de Médée, la belle fille d'Éétès. Pas seulement d'une beauté intemporelle, mais aussi sorcière, Médée aida Jason et trahit la confiance de son père, car le cœur a ses raisons que la raison ignore.

Le roi Éétès se méfiait de l'équipage et ne voulait pas lui donner la Toison d'Or si facilement. Il organisa trois épreuves de courage que Jason devait passer : « J'ai deux taureaux aux pieds de bronze qui soufflent du feu : vous, Jason, vous devrez les soumettre et tracer de profonds sillons dans le sol. Lorsque vous l'aurez labouré, vous sèmerez le sol avec des dents de dragon et de ces graines naîtra une armée. Vous devrez abattre les guerriers un par un, en les fauchant avec votre lance. Enfin, vous devrez faire face au dragon insomniaque qui garde la Toison. Si vous êtes assez fort et courageux, la Toison d'Or sera à vous ».

Médée aida le héros à surmonter les trois épreuves. Pour lui permettre de passer la première, Médée prépara une pommade magique capable de rendre invulnérable quiconque l'avait enduite pendant toute une journée, et la donna à Jason dans le plus grand secret, afin de le protéger des flammes des taureaux. Pour le second test, Médée suggéra au héros un stratagème rusé : Jason jeta une pierre au milieu de l'armée de guerriers, ces derniers, confus et incapables de comprendre d'où elle venait, s'attaquèrent les uns les autres et s'anéantirent. Pour le troisième et dernier test, Médée pulvérisa sur Jason une potion à base d'herbes soporifiques : le dragon s'endormit et, ainsi, Jason réussit à conquérir la Toison d'Or.

Éétès, furieux, méditait déjà sur la façon de se venger des Argonautes, tandis que Médée se préparait à sacrifier à Poséidon son jeune frère, Apsyrtos, encore en bas âge. En payant ce prix élevé, le navire Argo réussit à reprendre la route vers Iolcos.

Le voyage de retour ne fut pas moins dangereux que l'aller : pour expier le sacrifice du petit Apsyrtos, la colère de Zeus tomba sur le navire. La seule manière de se purifier était donc d'accomplir un rite de purification avec la sorcière Circé, tante de Médée et sœur d'Éétès. Après avoir expié leur crime, ils reprirent le voyage qui retrace les étapes d'Ulysse : eux aussi rencontreront les sirènes et traverseront le détroit gardé par Scylla et Charybde, jusqu'à atteindre Iolcos. Une forte tempête, ou simplement le destin, voulut les faire détourner vers des territoires désolés au large du Péloponnèse, où ils durent porter le navire sur leurs épaules. C'était le seul moyen de traverser le désert de Libye et atteindre enfin Iolcos.

Certaines versions racontent que, profitant de l'absence de Jason, Pélias tua le sage Éson ; d'autres, cependant, affirment que ce dernier se suicida pour ne pas mourir aux mains de Pélias. Une autre variante suggère que Éson était encore en vie, mais était trop vieux pour vivre. Médée, grâce à ses arts magiques, prépara un rituel qui réussit à le rajeunir. Quoi qu'il en soit, l'usurpateur Pélias refusa de tenir sa promesse de céder le trône à Jason, même s'il avait récupéré la toison d'or. Pour cette raison, Médée et Jason méditèrent une vengeance affreuse : promettant aux filles de Pélias de rajeunir leur père aussi, Médée leur demanda de déchirer l'homme en morceaux. Convaincues par la sorcière qui, après avoir écartelé une vieille chèvre et l'avoir immergée dans un chaudron, elle en avait sorti un agneau de lait, les filles de Pélias tuèrent leur père, mais une fois qu'elles jetèrent son corps dans le chaudron, rien ne se passa. Ainsi fut la vengeance de Jason.

Après avoir tué le tyran, les deux époux abandonnèrent Iolcos pour aller à Corinthe, une ville plus grande et plus riche où ils vécurent sereinement pendant dix ans. Puis arriva ce qui se passe même dans les meilleures familles : Jason était impatient, il voulait plus d'aventure ou, peut-être, ne pouvait plus supporter Médée.

Désireux de monter sur le trône et de ne plus vivre dans l'ombre, il commença à courtiser la jeune fille du roi de Corinthe, Creusa.

Médée avait depuis longtemps senti l'intérêt de son mari pour la jeune princesse et le jour où Jason se rendit au palais pour la énième fois pour demander la main de sa fille au roi Créon, Médée savait déjà ce qui allait se passer. Les deux se marièrent et la sorcière, avec un sort, put observer leurs mouvements d'amour dans le miroir, comme si elle était là avec eux. Déchirée par la douleur et se sentant abandonnée par son mari, Médée laissa échapper des menaces contre le roi de Corinthe et les deux jeunes mariés, des mots amers qui parvinrent à l'oreille de Créon, qui comprit qu'elle serait le seul obstacle au bonheur de sa fille et de Jason. Effrayé, il décida donc de l'exiler, mais il se laissa apitoyer par le regard et les supplications de la sorcière : « Je partirai, mais accorde-moi une grâce : laisse-moi rester un jour encore, je dois réfléchir à l'endroit où me réfugier et comment nourrir mes enfants, aie pitié de moi ». Grâce à ces mots, Médée eut un jour de plus pour organiser sa vengeance.

Jason ne détestait pas Médée et décida donc d'aller lui rendre visite, prêt à lui apporter une aide économique ou morale, mais il ne fut accueilli que par la colère. Avec des mots enflammés, Médée le chassa de la maison, incapable de supporter tant de douleur. Se reprochant d'avoir été emportée par la colère, la sorcière rappela Jason et s'excusa pour son comportement. La seule requête qu'elle fit fut d'emmener ses enfants avec lui, afin de leur épargner l'exil. De plus, pour montrer qu'elle n'avait aucune rancune contre la jeune fille, elle envoya des cadeaux de mariage adressés à la jeune épouse. C'était une robe violette et une couronne dorée que la princesse avait hâte de porter.

Malheureusement les deux cadeaux étaient empoisonnés : une fois portés, Creusa tomba au sol, paralysé, en proie à des spasmes de douleur. La robe commença à dévorer sa chair, en même temps que la couronne prenait feu, brûlant ses cheveux. Les enlever était impossible : la magie les liait à la peau, et il restait très peu de sa beauté. Rappelé par ces cris inhumains, le père se précipita dans la pièce, se jeta sur le corps déchiré de sa fille et, essayant de la réanimer, se retrouva collé à la robe maudite et finit par être dévoré par le feu avec sa fille.

Quand Médée apprit que sa rivale était morte, elle passa à la deuxième partie du plan : avant de partir pour Athènes, où elle passerait le reste de sa vie, elle devait égorger ses propres enfants, afin de laisser Jason seul pour toujours. Il ne reverrait plus ses enfants et n'en aurait eu aucun de la jeune épouse, qui mourut horriblement. C'est ainsi que fut l'horrible vengeance de Médée, une figure qui depuis lors, se cache derrière chaque mère infanticide.

On dit que Jason, laissé seul et abandonné même par les dieux pour avoir trahi sa promesse d'amour éternel faite à Médée, mourut de la manière la plus insignifiante. Il dormait à côté de l'épave du navire Argo, quand un morceau de bois, désormais pourri, lui tomba sur sa tête. Il mourut sans même s'en rendre compte.

Pour la première fois dans l'épopée, émerge un héros qui ne montre pas comment l'homme *devrait être*, mais comment il est vraiment : Jason, projeté dans un monde beaucoup plus grand que lui, est un personnage contradictoire. C'est bien un guerrier, mais il n'a pas de capacités héroïques ; il est fascinant, mais il cache une âme hésitante et fragile. Ce décalage le réduit à une condition de passivité : tous les pièges qui caractérisent la mission de conquête de la Toison d'Or seront surmontés grâce aux dieux, au destin ou à ses compagnons de voyage. Jason est donc complètement dominé par le destin et, pour cette raison, il est défini comme le héros inepte par excellence.

L'ILIADE

Les poèmes épiques les plus importants de toute la mythologie grecque sont, sans aucun doute, l'Iliade et l'Odyssée d'Homère : ils mériteraient un livre entier à part. Dans ces deux derniers chapitres, nous résumons leur intrigue en quelques lignes et analyserons à la fois les épisodes clés et les concepts liés aux personnages et à l'histoire elle-même.

L'Iliade raconte la conquête de la ville de Troie par les Achéens. L'histoire trouve son origine dans l'Olympe, où la déesse de la discorde Éris se présenta au mariage de Thétis et Pélée avec une pomme d'or : la célèbre *pomme de la discorde*. Ce fruit était destiné à la déesse la plus belle et, par conséquent, une dispute surgit entre Aphrodite, Héra et Athéna. Ne sachant pas qui choisir, les trois déesses établirent que la décision serait prise par l'un des fils du roi de Troie, Pâris. Pour gagner ses faveurs, les trois déesses firent des promesses solennelles au prince troyen : Héra promit richesse et pouvoir, Athéna promit sagesse et invulnérabilité au combat, Aphrodite promit l'amour de la plus belle femme du monde. Il montra sa préférence pour la belle déesse de l'amour qui, comme promis, fit tomber Hélène, épouse du roi de Sparte Ménélas, amoureuse de lui.

Secrètement, Pâris kidnappa la belle Hélène et quand Ménélas remarqua sa disparition, il déclara la guerre à la ville de Troie, allié à Agamemnon, son frère et roi de Mycènes.

L'armée était prête à mettre le cap sur la ville de Troie, mais deux chefs manquaient à l'appel, Ulysse et Achille : le premier, se fit prédire l'avenir et découvrit qu'il ne retournerait pas dans sa patrie avant vingt ans. Alors, il prétendit être fou, mais sa tromperie fut bientôt découverte ; pour ce qui concerne le second fils de la néréide Thétis et du mortel Pélée, bien qu'ayant été immergé dans le fleuve Styx pour devenir immortel il fut caché par sa mère qui ne voulait pas qu'il participe à la guerre. Elle était consciente qu'il y mourrait à cause de sa faiblesse : le talon. Malgré les efforts de Thétis, Achille fut retrouvé par Ulysse et participa à la guerre à la recherche de la gloire, du succès et de l'honneur. Nos deux héros étaient réticents : ils ne voulaient pas se battre, ils avaient peur malgré la fierté et la cruauté dont ils faisaient preuve sur le terrain. L'Iliade dépeint donc l'humanité passionnée et douloureuse qui cherche son propre chemin malgré un destin déjà tracé. Achille, en effet, se bat *en sachant qu'il doit mourir*. Cette conscience le rend audacieux au combat, désireux qu'on s'en souvienne pour toujours : c'était la seule immortalité possible.

Le conflit dura dix ans et connut de graves pertes des deux côtés : l'une d'entre elles fut celle de Patrocle, meilleur ami ou cousin d'Achille, selon certaines versions même amant, qui osa défier Hector, frère de Paris. Achille se querella avec Agamemnon pour la garde de Briséis ; une prisonnière de guerre dont le héros était tombé amoureux. Il décida de ne plus retourner au combat. Patrocle alors, conscient de l'importance de la présence de son cousin pour le moral de l'armée achéenne, enfila son armure et périt dans le défi contre le héros troyen. La fureur immonde d'Achille, célèbre pour être le héros qui incarne la force, le courage et la ténacité de la haine, réussira à le faire gagner sur Hector qui mourra d'une manière horrible. Son corps sera défiguré, mutilé et offensé : Achille l'attachera à son char et le traînera autour des murs de Troie, déterminé à ne pas lui donner d'enterrement, mais à le laisser exposé aux chiens et aux vautours. Sa colère ne s'apaisera que lorsque Priam, en tant que parent affligé, se présentera dans sa tente au milieu de la nuit, désarmé et seul, et le suppliera de délivrer son fils pour lui donner un enterrement digne, parvenant ainsi à émouvoir le héros achéen.

Cependant, Achille n'assistera pas à la conquête de la ville, car il sera tué par Pâris qui, vengeant son frère, le frappera d'une flèche dans son seul point faible : Thétis, lorsqu'elle le rendit immortel, dû le tenir par le talon afin de l'immerger *presque* complètement dans les eaux magiques du fleuve.

Les valeurs exaltées dans l'Iliade sont l'héroïsme et la vaillance militaire : même si elle ne raconte qu'une partie de l'histoire de la guerre de Troie, puisque le poème se termine par les funérailles solennelles d'Hector et non par la conquête de la ville, le thème principal est la colère d'Achille, un héros qui perd complètement sa raison face au deuil de l'une des personnes qui lui sont les plus chères. Qu'il soit aveuglé par la colère, qu'il soit déterminé à conquérir la gloire éternelle, Achille doit toujours exceller et être le meilleur, comme il l'avait appris de ses pères : pour cela, il représente aussi la passion humaine.

L'ODYSSÉE

D'une part nous avons Achille, dévoué à la mort et en quête de gloire, d'autre part nous avons Ulysse qui, avec sa ruse et son intelligence, réussit à conquérir la ville de Troie. En effet, il conçut un stratagème qui permit à l'armée grecque d'accomplir l'exploit : un énorme cheval de bois, dans lequel les Achéens se cachaient et qui fut confondu avec une offre de paix et amené dans les murs infranchissables de Troie. La nuit, les guerriers sortirent du ventre de l'animal et conquirent la ville.

Ulysse dut attendre encore dix ans avant de revenir sur l'île d'Ithaque, où Pénélope et son fils Télémaque l'attendaient. Pendant le retour, le héros perdra son chemin à plusieurs reprises et devra combattre de nombreuses créatures telles que le Cyclope Polyphème, Scylla à cent têtes qui dans le détroit de Messine avait l'habitude de détruire tous les navires qui osaient le traverser, les sirènes avec leurs chants de mort, la sorcière Circé qui transforme les hommes en cochons... Ulysse dû même échapper à l'amour de Calypso, une nymphe qui voulait le garder pour elle seule et le rendre immortel. Le désir de rentrer chez lui était si vif que personne ne pouvait l'arrêter : le héros grec, après une myriade de souffrances, pourrait débarquer seul à Ithaque, car il avait perdu tous ses compagnons de voyage.

Une fois de retour à la maison, les vicissitudes n'étaient pas terminées. Ulysse devra faire face aux princes qui voulaient le remplacer en épousant Pénélope qui, après vingt ans d'absence de son mari, était maintenant considérée comme veuve, mais était déterminée à lui rester fidèle. Bien sûr, notre héros tuera tous les prétendants à l'aide de Télémaque et de quelques serviteurs fidèles. À la fin du massacre, Ulysse ordonna à la nourrice Euryclée de réveiller Pénélope qui, incrédule, restait dubitative quant au retour de son mari. En effet, elle croyait que le massacre était l'œuvre d'un dieu en colère contre le comportement des prétendants. Vingt ans s'étaient donc écoulés depuis la dernière fois qu'elle avait vu Ulysse et, se retrouvant devant lui, elle ne le reconnut pas et maintint une attitude détachée et méfiante.

Après un bain qui le rendit plus beau, Ulysse prouva son identité à Pénélope, une opportunité qu'elle attendait depuis qu'elle l'avait rencontrée à nouveau. La femme se rendit compte qu'elle avait Ulysse devant elle quand ce dernier lui raconta comment il avait fait leur lit nuptial : il sculpta un tronc d'olivier très lourd, le recouvrit de métaux précieux et construit leur chambre autour de lui. Le tenant fermement contre elle, Pénélope lui murmura : « Ne sois pas en colère contre moi, toi qui es le plus sage des hommes. L'âme à l'intérieur de ma poitrine tremblait que quelqu'un vienne me tromper avec des commérages [...] Mais maintenant, j'ai le signe certain : l'histoire de notre lit que personne n'a vu, mais seulement vous et moi. En entendant ces mots, Ulysse fut ému et, en pleurs, serra la fidèle épouse encore plus fort au cœur ».

Avec l'identification et les effusions entre les deux époux réunis, l'intrigue principale du poème se termine et, après, il n'y a que les derniers détails : les retrouvailles avec son père Laërte et avec les familles des prétendants tués, afin que le règne d'Ulysse puisse repartir dans une atmosphère de sérénité.

Les valeurs qui émergent dans l'Odyssée sont l'esprit d'aventure, la soif de connaissances et d'expériences, les compétences dérivées du raisonnement et de l'intelligence ; mais on y retrouve aussi la nostalgie de la patrie et le sens de la famille. La vision de ce poème épique est plus humaine que celle de l'Iliade, liée à l'héroïsme guerrier.

Le fil conducteur de tout le poème est le thème du voyage et du retour à la maison : encore aujourd'hui, pour indiquer une longue série de vicissitudes auxquelles nous avons été confrontés pour atteindre la destination choisie, disons que c'est une Odyssée. L'intelligence renommée d'Ulysse dans ce poème, cependant, fait défaut dès le début. Lorsqu'il profana le cheval par exemple, symbole de Poséidon, pour conquérir la ville de Troie par tromperie ; quand en partant pour le retour à la maison, il a refusé de faire un sacrifice au dieu, réduisant à de simples superstitions les sacrifices aux dieux ; et, enfin, lorsqu'il aveugla Polyphème, fils de Poséidon. Comme nous venons de le raconter, le dieu de la mer lui fit payer cher toutes ces offenses, le faisant errer pendant dix longues années à bord du navire.

BIBLIOGRAPHIE

Ieranò G., *Héros. Les grandes sagas de la mythologie grecque*, Venise, Sonzogno de Marsilio Editori, 2019.

Kerényi K., *Les dieux et les héros de la Grèce. Le récit du mythe, la naissance de la civilisation*, Milano, Il Saggiatore, 2009.

Mariotti A., Sclafani M.C., Stancanelli A., Nouneau livre rouge. Anthologie d'écrivains italiens et étrangers, Florence, D'Anna, 2000.

À propos de Historia Magistra

Historia Magistra est née avec un objectif précis : accueillir des écrivains capables de transporter les lecteurs dans des époques et des cultures lointaines, en les faisant plonger dans des aventures mythiques, des légendes et des hauts faits de personnages extraordinaires du monde antique.

Des Grecs anciens aux lointains peuples asiatiques du Soleil Levant, chaque civilisation a un passé mythologique à raconter, capable de nous faire rêver. À travers leurs idéologies, leurs similitudes et leurs philosophies, les anciens peuples sont capables de révéler tant de choses sur notre identité en tant qu'êtres humains.

Historia Magistra s'efforce de faire passer le message suivant : la mythologie, si elle est racontée intelligemment et de manière attrayante, peut non seulement nous divertir pendant des heures, mais aussi nous donner de précieuses leçons de vie, fondamentales et applicables à notre vie quotidienne.

Ce que nous espérons pour nos lecteurs, c'est qu'ils puissent être transportés et émus par les mêmes récits qui ont terrifié, inspiré et renforcé des peuples entiers à travers l'histoire.

www.ingramcontent.com/pod-product-compliance
Lightning Source LLC
Chambersburg PA
CBHW071434130726
47997CB00006B/2089